Christian Göbel • Glücksgarant Bundeswehr?

AF272888

Christian Göbel

Glücksgarant Bundeswehr?

Ethische Schlaglichter auf einige neuere Studien des ZMSBw im Kontext von Sinn und Glück des Soldatenberufs, Innerer Führung und Einsatz-Ethos

Herausgegeben vom
Zentrum für Militärgeschichte und
Sozialwissenschaften der Bundeswehr

2016

Carola Hartmann Miles-Verlag

CIP-Kurztitelaufnahme der Deutschen Nationalbibliothek

Christian Göbel: Glücksgarant Bundeswehr? Ethische Schlaglichter auf einige neuere Studien des ZMSBw im Kontext von Sinn und Glück des Soldatenberufs, Innerer Führung und Einsatz-Ethos, Berlin 2016

© 2016 Carola Hartmann Miles-Verlag,
   www.miles-verlag.jimdo.com
   email: miles-verlag@t-online.de
   Herstellung und Verlag: BoD - Books on Demand, Norderstedt

Redaktion: ZMSBw, FB Publikationen (0810-01)
   Projektkoordination, Lektorat: Dipl.-Hist. Edgar Naumann
   Satz: Antje Lorenz, Martina Reuter

Printed in Germany

ISBN 978-3-945861-19-6

Inhalt

Einleitung

Die folgenden Überlegungen entstanden während eines Aufenthalts des Autors am Zentrum für Militärgeschichte und Sozialwissenschaften der Bundeswehr (ZMSBw) im März 2015 und resultieren aus dem Auftrag, einige aktuelle Studien des Zentrums unter ethisch-philosophischer Rücksicht zu betrachten:

- den Forschungsbericht von T. Bulmahn, J. Hennig, C. Höfig, M. Wanner, »Ergebnisse der repräsentativen Bundeswehrumfrage zur Vereinbarkeit von Dienst und Privat- bzw. Familienleben« (2014) (= **VDPF**),

- die Ergebnisse der Erst- und Zweitbefragung der Freiwilligen Wehrdienst Leistenden (FWDL) mit Diensteintritt zwischen 7/2011 und 4/2012, die zusammen die »Sozialwissenschaftliche Begleitstudie zur Evaluation des Freiwilligen Wehrdienstes« (FWD) darstellen und in zwei Forschungsberichten von T. Bulmahn, R. Kramer, C. Saalbach (2013) bzw. R. Kramer (2014) veröffentlicht wurden (= **EFWD** I und II),

- den Forschungsbericht von A. Seiffert und J. Heß zur Langzeitbegleitung des 22. Kontingents ISAF, »Afghanistanrückkehrer. Der Einsatz, die Liebe, der Dienst und die Familie« (2014) (= **AFGR**),

- die im Miles-Verlag erschienene Studie von A. Dörfler-Dierken und R. Kramer, »Innere Führung in Zahlen« (2014) (= **IFIZ**).

- Außerdem wurde Bezug genommen auf den Forschungsbericht von J. Hennig, »Attraktivität der Mannschaftslaufbahn der Bundeswehr« (2013) (= **AMB**).

Die Studien weisen gemeinsame Grundzüge auf, die von ethischer Relevanz sind, und erlauben daher eine thematische Zusammenschau, die zugleich Seitenblicke auf aktuelle Debatten öffnet, vor allem jene um die »Agenda

Attraktivität« (mit dem »Gesetz zur Steigerung der Attraktivität des Dienstes in der Bundeswehr« vom 26.2.2015) und die Kontroverse um die »Werte der Bundeswehr« (unter anderem in der Zeitschrift Loyal ab Januar 2015). So können der Diskussion um Attraktivität, Zufriedenheit, Sinn des Soldatseins und der Bundeswehr sowie Innerer Führung im Einsatz unterstützende Impulse gegeben werden. Zugleich zeichnen sich Chancen im Horizont der gegenwärtigen Bemühungen der Bundeswehr um die Personalwerbung ab. Die Bedeutung der im Zuge der Attraktivitätsagenda eingeleiteten Maßnahmen wird mit den vorliegenden Beobachtungen keineswegs relativiert[1]; vielmehr werden flankierend zusätzliche Ansatzpunkte vorgeschlagen.[2]

---

[1]   Höfig (2014) bietet eine Skizze der Maßnahmen vor dem Hintergrund empirischer Erhebungen des ZMSBw zu den Erwartungen sowohl von potenziellen Bewerbern als auch von Bundeswehrangehörigen.

[2]   Aufgrund der Materialmenge, die den Umfang eines Zeitschriftenbeitrags gesprengt hätte, ist aus der vorliegenden Untersuchung eine selbstständige Publikation geworden. Rahmen und Anspruch bleiben aber unverändert: Es handelt sich nicht etwa um ein weiteres Grundlagenwerk zur Inneren Führung oder militärischen Ethik oder um eine philosophische Abhandlung zu Glück und Sinn im Allgemeinen. Der Fokus bleibt auf dem Beitrag der betrachteten Studien des ZMSBw zu aktuellen Fragestellungen und auf philosophischen Impulsen für die soldatische Berufsethik. Dennoch bietet sich dabei auch die Gelegenheit, wesentliche Hintergründe in Erinnerung zu rufen und allgemeinere Reflexionen zu skizzieren. Dies geschieht aber möglichst nah an den vorliegenden Texten und Daten (daneben blickt ein Exkurs auf aktuelle Entwicklungen in Großbritannien). Die Bibliografie verzeichnet nur die unmittelbar verwendete Literatur. Grundlegende Quellen und weiterführende Literatur (Standardwerke der Primär- und Sekundärliteratur sowie Handbücher zu den berührten Themen) werden nur begrenzt referiert, sind aber z.B. über die Bibliografien der zitierten Werke leicht auffindbar. – Mein Dank geht an Frau Prof. Dr. Angelika Dörfler-Dierken (ZMSBw) für ihre freundliche Anteilnahme, für wertvolle Anmerkungen und die Vermittlung der Veröffentlichung sowie an Oberst Prof. Dr. W. Heinemann (ZMSBw) für die aufmerksame Lektüre des Entwurfs und hilfreiche Hinweise, schließlich an das Lektorat beim ZMSBw sowie Carola Hartmann vom Miles-Verlag.

1   Fremd- und Selbstethik

Der Begriff »*Ethische* Schlaglichter« im Untertitel dieser Untersuchung meint zunächst weniger die üblichen Prinzipien der Fremdethik, also des Umgangs mit anderen, etwa in moralischen Konfliktsituationen, die sich für Soldatinnen und Soldaten in ihrem besonderen Umfeld immer wieder ergeben: von den Grundfragen des Soldatseins und der moralischen Rechtfertigung von Gewalt (»gerechter Krieg«) über das Verhältnis von Staat und Militär bis hin zu den Spannungen, denen der Einzelne in einem komplexen Gefüge von Befehl, Gehorsam und Selbstverantwortung, im engen Zusammenleben mit den Kameraden oder in Einsätzen ausgesetzt ist. Vielmehr geht es hier um Fragen der *Selbstethik*. Seit dem delphischen Motto »Erkenne Dich selbst!«, das Sokrates zum Ausgangspunkt seines Philosophierens machte (Platon, Apologie u.a.), sind Selbsterkenntnis, Selbstsorge, Selbstentfaltung und Selbstverwirklichung Zentralthemen der philosophischen Ethik. Philosophie hat von Anbeginn an höchst praktische Elemente; sie ist ganzheitliche Lebensform (*ars vitae*), der es um ein vorbildliches, gelingendes Menschsein geht[3]. Das ist auch für den Soldatenberuf relevant.

Genauer geht es in den betrachteten Studien des ZMSBw um eine Metaebene zwischen Selbst- und Fremdethik sowie die Ethik sozialer Strukturen (Sozialethik). Die Studien zeigen, dass es der Bundeswehr als Institution – aber auch den Soldatinnen und Soldaten in ihrer Erwartungshaltung – immer wieder um das Bereitstellen von Bedingungen geht, die Zufriedenheit bereiten. Dieser, in allen Studien zentrale Begriff – besonders in VDPF und EFWD, aber auch in AFGR und IFIZ – ist neben dem Glücksbegriff (»Glückseligkeit«, gr. *eudaimonia*) ein Kerngedanke der Selbstethik und Philosophie als Lebenskunst[4]. Beide Begriffe zeigen eine erfüllte Existenz an,

---

[3]   Das hat z.B. P. Hadot in seinem Werk *Philosophie als Lebensform. Geistige Übungen in der Antike* (orig. 1981, dt. 1991) eindrücklich in Erinnerung gerufen. Vgl. weiter Göbel 2002.

[4]   Dieses antike Grundverständnis von Philosophie ist in Deutschland u.a. durch den Pionier der »philosophischen Praxis«, G. Achenbach – etwa in den Bänden *Philosophische*

allerdings gibt es Unterschiede im Weg dorthin. Darauf wird näher einzugehen sein. Bei der Lektüre der aktuellen Studien und vor dem Hintergrund der Attraktivitätsagenda entsteht jedenfalls ein Bild der Bundeswehr als geradezu ›eudaimonische Institution‹ – also einer Institution, der es um das Glück ihrer Mitglieder geht. Die Frage ist, ob ein solcher Anspruch nur dem gegenwärtigen Bemühen der Personalwerber entspringt, die die Bundeswehr als konkurrenzfähigen Arbeitgeber positionieren wollen, oder ob die Bundeswehr (nicht unähnlich den antiken Philosophenschulen) einen ganzheitlichen Ansatz verfolgt. Oder sollte sie nur in die Nähe einer ›Wohlfahrtsorganisation‹ rücken, die ein womöglich übermäßig ausgeprägtes Verlangen nach Vollbetreuung bedient, das Kritiker sowohl in der Bundeswehr als auch in der weiteren Gesellschaft ausgemacht haben und als ›Versorgungsmentalität‹, ›Sicherheitskultur‹, ›Anspruchsdenken‹ oder ›Klagekultur‹ beschreiben[5]?

Praxis (1984) und *Lebenskönnerschaft* (2001) – und die Publikationen W. Schmids (vgl. www.lebenskunstphilosophie.de) populär geworden.

[5]   Vgl. dazu etwa das – kontrovers aufgenommene – Interview des damaligen Verteidigungsministers Thomas de Maizière in der *Frankfurter Allgemeinen Sonntagszeitung* vom 24.2.2013. – NB: Dass sowohl die gesellschaftliche Diskussion als auch die besondere Interviewsituation Klagen befördert, ist in den vorliegenden Studien wohl bewusst (vgl. VDPF, 18, 82).

2   Dienstgeber und Fürsorgepflicht

Zweifel an dem Anspruch der Bundeswehr, ihren Soldatinnen und Soldaten Zufriedenheit zu verschaffen und ›Glücksgarant‹ zu werden, mögen in jedem Fall aufkommen. Sollen und können Streitkräfte so etwas leisten? Doch der Ansatz wird nur auf den ersten Blick als gänzlich unangemessene Überforderung erscheinen, denn Gründe sind schnell ausgemacht:

Sie sind zum einen armeespezifisch. Das besondere Treue- und Dienstverhältnis der Soldaten zum Staat (stärker noch als bei zivilen Beamten, die ebenfalls alimentiert werden) sowie die Schwierigkeiten ihres Berufs, der – keineswegs nur zu Kriegszeiten und aufgrund des Gefahrenpotenzials für Leben, Leib und Psyche – zahlreiche Entbehrungen und Opfer beinhaltet, erfordert Kompensation und war schon immer von beidseitiger Loyalität getragen. Der Staat nimmt sich des Militärs in besonderer Weise an, von den römischen Legionären bis zu den US-amerikanischen Marines. Deutsche Streitkräfte bilden da keine Ausnahme: Preußen stellte Militärwohnheime, Invaliden- und Waisenhäuser zur Verfügung, und die Bundeswehr bietet ihren Soldatinnen und Soldaten eine umfassende Betreuung, z.B. durch Sozialdienst, Sozialwerk, Militärseelsorge (Rüstzeiten, Familienferien usw.) und andere Einrichtungen. Die Armee ist nicht einfach ›Arbeitgeber‹, sondern Dienstgeber (Dienstherr), der für seine Angehörigen eine besondere ethische Verantwortung hat.

Zum anderen sieht sich die Bundeswehr mittlerweile auch als »hochmodernen, global agierenden Konzern«[6] und steht auf dem heutigen Arbeitsmarkt im Wettbewerb mit Betrieben, die eine das rein berufliche Verhältnis zwischen Arbeitnehmer und Arbeitgeber übersteigende Ganzheitlichkeit bedienen. Internationale Großkonzerne (z.B. der digitalen Wirtschaft) unterlegen ihre Angebote zur Betriebs- und Weiterbildung, Freizeit- und Familiengestaltung mit einem eigenen Lebensgefühl und weltanschaulichen Elementen,

---

[6]   Flyer des Verteidigungsministeriums zur Attraktivitätsagenda vom Juni 2014 (zit. in Höfig 2014, 249).

die sie Arbeitnehmern vermitteln und von ihnen einfordern. Sie knüpfen damit zumindest punktuell an jene Tradition an, in der philanthropische Unternehmer, gesellschaftliche Gruppen, Wohltätigkeitsorganisationen und Kirchen schon im Zuge der industriellen Revolution Lösungen der sozialen Frage suchten. Freilich ist dies nur eine Seite der Entwicklung auf dem globalen Arbeitsmarkt.

Zentrale Klagen der Angehörigen der Bundeswehr (in den betrachteten Studien, aber auch in Eingaben an den Wehrbeauftragten) zielen vor allem auf Anforderungen an ihre Mobilität und die Fähigkeit, Arbeit und Familie in Balance zu halten (besonders angesichts häufiger Abwesenheiten und zeitlicher Belastungen)[7]. Vor allem die »Vereinbarkeit von Dienst und Familie« hat enorme Aktualität und erhält derzeit auch vom Ministerium eine derart große Aufmerksamkeit, dass sie neben VDPF auch in AFGR und IFIZ eingeflossen ist[8]. Doch scheinen die Probleme andernorts kaum weniger groß als in der Bundeswehr. Nimmt die Zivilwirtschaft tatsächlich mehr Rücksicht auf das Privatleben ihrer Arbeitnehmerinnen und Arbeitnehmer? Zeitdruck, Opfer für die Karriere, Stress, Unzufriedenheit mit den Vorgesetzten und ein oft angespanntes Arbeitsklima (darunter Umgangsformen im sprichwörtlichen ›Kasernenton‹) sind auch aus der Industrie bekannt[9].

---

[7] Details s.u. Inwieweit die Gesamtsituation in der Bundeswehr ›beklagenswert‹ ist, bleibt aber auch angesichts der aktuellen Studien offen: Immerhin sind nach VDPF, 79 f. 70 % der Soldatinnen und Soldaten mit ihrem Leben zufrieden (und weitere 22 % teilweise zufrieden), obwohl zugleich bei nur 17 % ein Gleichgewicht zwischen Dienst und Privatleben besteht, während bei 76 % der Dienst eher oder deutlich überwiegt. Auf diese Zahlen ist unten näher einzugehen.

[8] Das Thema beschäftigt die Bundeswehr allerdings schon länger. So ist es z.B. im Jahr 2008 auch in die Neufassung der ZDv 10/1 eingegangen (s.u.).

[9] Freilich hat sich gerade in der Bundeswehr der Umgangston in den letzten Jahren deutlich verbessert (s.a. IFIZ, 8). – Als statistische Instrumente zur Beurteilung der Situation in der Industrie stehen etwa der »Index Gute Arbeit« und die Ausbildungsreporte des DGB sowie der Arbeitsklima-Index der Job AG zur Verfügung. Die Problematik wird auch durch die enorm gestiegene Aufmerksamkeit für Burnout und Depressionen im Beruf bestätigt. Auch international besteht das Phänomen. Klagen, die denen der Bundeswehrangehörigen bis ins Detail gleichen, erfasste z.B. eine Umfrage der Arbeits-

Leider wurde VDPF weitgehend ohne Referenzdaten für den allgemeinen Arbeitsmarkt veröffentlicht. Zwar wurde parallel eine Bevölkerungsumfrage durchgeführt, allerdings waren Erhebungsmethoden und Befragungssituation unterschiedlich, so dass eine Vergleichbarkeit nicht gegeben wäre. Der vorliegende Forschungsbericht vergleicht daher nur »Faktenfragen zum Familienstand und zur Lebenssituation«, nicht aber die eigentlich interessanten Themen wie »Wahrgenommene dienstliche Belastungen, empfundene Auswirkungen auf Privat- und Familienleben, Bewältigungsstrategien und Angebote des Arbeitgebers zur besseren Vereinbarkeit« beider Bereiche (VDPF, 18). Ohnehin bejahten die offene Frage: »Gibt es für Sie (weitere[10]) außergewöhnliche Belastungen im privaten oder familiären Bereich?« zunächst nur 24 Prozent der Berufs- und 19 Prozent der Zeitsoldaten (VDPF, 31) und gaben dafür vor allem dienstunspezifische Gründe an (Krankheiten, Probleme mit Kindern oder in der Beziehung). Allerdings nannten 25 Prozent auch das Pendeln zum Dienstort als »außergewöhnliche Belastung«; als weitere, im engeren Sinn dienstliche Belastungen wurden Auslandseinsätze, Versetzungen, Planungsunsicherheit sowie zeitliche Belastungen wie unflexible Arbeitszeiten, Überstunden und Wochenendarbeit genannt[11]. Zugleich wurde deutlich, dass Betroffene stark unter diesen Problemen leiden und dass sie einen besonders negativen Einfluss auf Privat- und Familienleben haben (VDPF, 45 ff.). Dennoch bleibt zu hoffen, dass die Studie noch um die angekündigten Vergleichsdaten aus der zivilen Wirtschaft ergänzt wird[12].

---

kammer Salzburg von 2013 (http://sbg.arbeiterkammer.at/interessenvertretung/ar beitsklimaindex/AK-AKI_fuer_Industrie_und_produzierendes_Gewerbe.html).

[10] Das Wort »weitere« bezieht sich auf Belastungen neben der Betreuung von pflegebedürftigen Angehörigen, die zuvor eigens abgefragt wurde.

[11] Auf Details wird unten einzugehen sein.

[12] Im Hinblick auf die Problematik des Wochenendpendelns kann allerdings IFIZ schon innerhalb der Bundeswehr Vergleiche ziehen und feststellen, dass es bei Soldaten weit häufiger vorkommt als bei zivilen Mitarbeitern (IFIZ, 71; vgl. Richter 2012, 30).

Letztlich sind aber Überlegungen zur Relativität der Situation der Soldatinnen und Soldaten im Blick auf den allgemeinen Arbeitsmarkt dann wenig relevant, wenn die Sorge der Bundeswehr um ihre Angehörigen nicht nur den Notwendigkeiten der Personalwerbung, sondern dem eigenen Selbstverständnis und Verantwortungsbewusstsein entspringt. Die allgemeine Tradition der Streitkräfte, gepaart mit der besonderen Tradition der Bundeswehr, deren »Organisationskultur« von »Innerer Führung« getragen ist (Dörfler-Dierken 2013, 12), drückt sich im ethischen Gebot der *Fürsorge* aus, das für die Bundeswehr Gesetzeskraft hat und z.B. in § 31 SG folgendermaßen gefasst wird: »Der Bund hat im Rahmen des Dienst- und Treueverhältnisses für das Wohl« der Soldatinnen und Soldaten »sowie ihrer Familien, auch für die Zeit nach Beendigung des Dienstverhältnisses, zu sorgen«. Als ethisch-existenzieller Begriff geht »Fürsorge« allerdings über monetäre Zuwendungen hinaus. Das unterstreicht etwa die Zentrale Dienstvorschrift 10/1 (letztens überführt in die A-2600/1) in dem mit »Fürsorge und Betreuung« überschriebenen »Gestaltungsfeld der Inneren Führung« (Ziff. 660–663; vgl. § 10 Abs. 3 SG).

Damit sollten, zumindest zu einem gewissen Grad, Wohlergehen und Zufriedenheit ihrer Angehörigen der Bundeswehr am Herzen liegen. Darauf zielende Attraktivitäts-Anstrengungen, die nicht nur Marktdynamiken folgen, sondern sich aus Grundprinzipien der Menschenführung nähren, Idealen treu bleiben und ein bewährtes Ethos umsetzen, werden zu Recht unternommen. Dass ihr Erfolg auch der Personalgewinnung dient, ist ein erwünschter Nebeneffekt. Dieses Bedingungsverhältnis sollte aber nicht umgedreht werden; es muss Verantwortlichen im Bewusstsein bleiben und so kommuniziert werden, dass es auch in den Augen der Öffentlichkeit Authentizität behält.

3   Zufriedenheit oder Glück?

1. EFWD bildet »vier Zufriedenheitsdimensionen«, anhand derer ein Gesamtbild der Beurteilung des FWD durch die befragten Soldatinnen und Soldaten entstehen soll: »Dienst«, »Stimmung und Vorgesetzte«, »Rahmenbedingungen« (z.B. Bezahlung, Unterkunft, Verpflegung) sowie »Heimfahrten«, wobei sich besonders die ersten beiden auf die Gesamtzufriedenheit mit dem FWD und somit auch auf die Bereitschaft zur Weiterempfehlung des FWD auswirken (EFWD II, 24–27; EFWD I, 35–42). Und in VDPF, 79–83 soll die »Lebenszufriedenheit« in Abhängigkeit von folgenden Faktoren erfasst werden (in absteigender Reihenfolge der Zufriedenheitswerte): Wohnsituation, Gesundheit, Bildung, Einkommen, Privat- und Familienleben, Beruf/Dienst, Arbeitgeber, Freizeit u.a.

Bei diesen Größen handelt es sich weitestgehend um *äußere Bedingungen* eines zufriedenen Daseins. Zwar wird in VDPF, 82 f. auch festgestellt, dass »die Lebensbereiche mit den höchsten Zufriedenheitswerten [...] nicht gleichzeitig jene Aspekte sind, die sich am stärksten auf die Gesamtlebenszufriedenheit auswirken«, doch damit wird noch keiner *innerlicheren* und grundsätzlicheren Betrachtung der Zufriedenheit von Soldatinnen und Soldaten der Weg geebnet. Denn im Raum steht hier nicht etwa die Sinnfrage (oder ähnliche Elemente einer intrinsischen Motivation), die nachhaltigen Einfluss auf die Attraktivität einer Tätigkeit hat (s.u.). Vielmehr zählt zu den in VDPF angesprochenen Faktoren mit der größten Wirkung auf die Gesamtlebenszufriedenheit vor allem die »Zufriedenheit mit dem Privat- und Familienleben«; damit ist allerdings »nicht einmal die Hälfte der Befragten zufrieden« (VDPF, 83). Das wirkt sich ganz wesentlich auf die geringe Gesamtzufriedenheit mit dem Dienst in der Bundeswehr aus (42 %), wenn nämlich Schwierigkeiten bestehen, Dienst und Privatleben zu vereinbaren: »voll zufrieden« mit der »Vereinbarkeit von Dienst und Privatleben« sind nur

14 Prozent der Befragten (VDPF, 82 mit 88[13]). Auch der Aspekt der Familienfreundlichkeit der Bundeswehr betrifft aber letztlich äußere Bedingungen der Zufriedenheit mit dem eigenen Beruf und dem Dasein als Soldat oder Soldatin. *Dass* hier Handlungsbedarf besteht, bestätigen alle Studien nachdrücklich, und IFIZ ordnet diesen explizit in den Kontext von Führung und Fürsorge ein. 84 Prozent der Befragten sehen großen oder sehr großen Handlungsbedarf bei der Verbesserung der »Familienfreundlichkeit«[14]; übertroffen wird das nur vom Wunsch nach mehr Planungssicherheit (91 %), wobei auch da oft die Lebens- und Familienplanung gemeint ist (IFIZ, 61; vgl. AFGR, 98[15]).

Auch die Bewertung des Dienstes selbst fokussiert auf äußerliche Bedingungen. Unter den wahrgenommenen »dienstlichen Belastungen« stechen gemäß VDPF zeitliche Einschränkungen hervor: beklagt werden mangelnde Flexibilität der Arbeitszeitgestaltung (61 %), Überstunden (49 %), Zeit- oder Leistungsdruck (49 %), Dienstreisen und andere Abwesenheiten (49 bzw. 25 %), Wochenendarbeit u.a. (VDPF, 34). Neben dem Faktor Zeit wird vor allem ein schlechtes Betriebsklima (39 %) als negativ empfunden. Die zentrale »Problematik des dienstlichen Pendelns« betrifft 40 Prozent der Soldatinnen und Soldaten, die Wochenendpendler sind, und weitere 34 Prozent, die täglich mehr als eine Stunde zum Dienst fahren müssen; 69 Prozent der

---

[13] Die Zahlen bestätigen andere Erhebungen, z.B. eine »Onlinebefragung zur Attraktivität des Arbeitgebers Bundeswehr« innerhalb der Bundeswehr vom Frühjahr 2013, die allerdings neben dem militärischen Personal auch das Zivilpersonal in den Blick nahm, wo sich die Lage anders darstellte: Im Unterschied zu den Soldatinnen und Soldaten kann »bei den zivilen Mitarbeiterinnen und Mitarbeitern [...] mehr als die Hälfte der Befragten Familie und Dienst gut miteinander vereinbaren, und nur etwa jeder Fünfte verneint dies«. Somit stellt die »Work-Life-Balance [bei den Zivilangestellten] eine entscheidende Stärke des Arbeitgebers Bundeswehr«, beim militärischen Personal aber »eine entscheidende Schwäche« dar (Höfig 2014, 251).

[14] Zudem wurde separat die »soziale Absicherung der Familie« genannt.

[15] AFGR bestätigt Kernaussagen der anderen Studien, allerdings zeichnet AFGR im Blick auf die Vereinbarkeit von Dienst und Privatleben ein »in der Tendenz überraschend positives Bild«: 35 % der befragten Afghanistanrückkehrer können in ihrem Alltag Dienst und Privatleben »gut« oder »sehr gut«, weitere 39 % noch »teilweise« vereinbaren (77 f.).

Befragten sind deshalb bemüht, heimatnah eingesetzt zu werden (VDPF, 62; s.a. AFGR, 83 ff.).

2. Dass die betrachteten Lebensbereiche und Zufriedenheitsindikatoren zum großen Teil auf *äußere* (objektive) Bedingungen gelingenden Menschseins zielen, fällt vor dem Hintergrund des philosophischen Glücksbegriffs besonders auf. »Zufriedenheit« ist philosophisch eher als *innere* (subjektive) Einstellung definiert, nämlich als ein Zustimmen und Sich-Einfinden in äußere Umstände, mit denen man ›seinen Frieden macht‹. Die Terminologie wird allerdings nicht einheitlich verwendet: manche Philosophen sowie Psychologen und populäre Lebensberatungsbücher sprechen auch vom *Glück* als »Frage der Einstellung«[16]. Grundsätzlich wird aber getrennt zwischen objektiven »Lebensumständen« und der subjektiv empfundenen »Lebensqualität« und Lebenszufriedenheit[17].

In ihrer extremsten Form können Zufriedenheit oder Glück als subjektiv positive Einstellung sogar vollkommen unabhängig von äußeren Umständen erreicht werden: Für die *stoische* Philosophie etwa ist das Erreichen des inneren Seelenfriedens (*ataraxia*) allein durch die Kraft des Geistes auch unter widrigsten äußeren oder physischen Bedingungen möglich. Sie empfiehlt sogar, sich nur auf die eigene Einstellung zu den Dingen zu konzentrieren, da diese allein in der Macht des Menschen stehe. Den Lauf der Welt und die äußeren Bedingungen seines Glücks kann man oftmals nicht beeinflussen (der Aspekt des ›glücklichen Zufalls‹ im Glücksbegriff hat damit für die Stoa kaum Relevanz). So bietet Epiktet (ca. 50–138 n. Chr.) folgendes Rezept der Zufriedenheit: »Wolle nicht, dass die Dinge in der Welt gehen,

---

[16] Als Beispiel sei hier nur Shimoff 2008 genannt. Die Unterschiede im Glücksbegriff waren schon in der Antike Thema, z.B. bei Aristoteles, *Nikomachische Ethik* 1095a.

[17] Zur Glücksforschung in der Gegenwartsphilosophie vgl. z.B. Schummer 1998. – Zur Begriffsklärung: »subjektiv« bezieht sich also auf eine geistige Haltung und Perspektive, auf die Einstellung zu den objektiven Bedingungen; dass es sich dabei um Bedingungen handelt, in die ein Subjekt gestellt ist, ist klar, aber hier nicht mit dem Begriff »subjektiv« gemeint. Schließlich geht es bei Glück oder Zufriedenheit immer um eine Person und ihren Stand innerhalb sozialer Strukturen, um ein ›Ich in der Welt‹.

wie du es willst, sondern wünsche vielmehr, dass alles, was geschieht, so geschehe, wie es geschieht« (Handbüchlein der Moral I 8).

Interessanterweise benutzen Stoiker wie der römische Staatsmann Seneca (gest. 65 n. Chr.) zur Verdeutlichung dieser Philosophie das Bild des *Solda-ten*, der allen Widrigkeiten des Schicksals standhaft, klaglos und stolz trotzt, sie ins Gute wendet und darin mit sich im Reinen ist (*De providentia* 4). Es stellt sich die Frage, ob gegenwärtige Erwartungshaltungen an den Solda-tenberuf eine solche Bildsprache aushöhlen – oder ob es gelingen kann, ein wenig von dieser Haltung auch unter heutigen Soldatinnen und Soldaten zu bewahren, so dass sie aus ihrem Beruf Sinn, Selbstachtung, Befriedigung und damit ein Selbstverständnis gewinnen, das – im rechten Maß – auch Entsagung, Belastung, Widrigkeiten bejahen kann. Eine solche Haltung muss bewusst geformt werden. Zu dem Zweck wären aber innere Werte, menschliche Erfüllung und die Sinnfrage stärker in die Beurteilung der Dienstzufriedenheit einzubeziehen. Darauf wird unten näher einzugehen sein.

Die in den vorliegenden Studien des ZMSBw betrachteten Faktoren stim-men jedenfalls aus philosophischer Sicht eher mit einem weiteren Begriff des »Glücks« überein, der auch die Bedeutung äußerer Umstände und des sozialen Umfelds für das Glücksempfinden zugesteht – wobei nahezu alle Philosophen, ob Stoiker oder Epikureer und von Aristoteles bis in die Ge-genwart, die herausragende Rolle des Geistes betonen, in dessen Betätigung der Mensch – als Vernunftwesen (*animal rationale*) – seine eigentliche, beglü-ckende Erfüllung findet. Die aristotelische *eudaimonia* ergibt sich explizit zuerst aus einem gelingenden und guten (›tugendhaften‹) Leben in Überein-stimmung mit der natürlichen Bestimmung des Menschen; die Geistbega-bung setzt seiner Existenz Ziel und Zweck (*telos*). Aristoteles sieht aber auch, dass zum wirklich glücklichen Leben Lustempfinden und passende Umstände kommen müssen; es sei »Unsinn«, von Glück nur aufgrund inne-rer Tugend zu reden, wenn ein Mensch zugleich äußerlich leidet (*Nikomachi-sche Ethik* 1153b).

Ob man also von »Glück« oder »Zufriedenheit« sprechen will – es ist sicher richtig, dass äußere Bedingungen und innere Einstellung zusammenkommen müssen. Gleichwohl scheint es geboten, die subjektive Seite der Wahrnehmung wieder stärker in den Blick zu nehmen und darin zumindest einen alternativen Ansatzpunkt zu sehen, der die Maßnahmen zur objektiven Verbesserung des Dienstes in der Bundeswehr begleitet. Die philosophische Perspektive deckt sich hier mit Begriffen der Motivationspsychologie: Wirklich attraktiv kann der Dienst nur sein, wenn neben der *extrinsischen* auch die *intrinsische* Motivation der Soldaten gestärkt wird[18].

---

[18] Dass Soldatsein eine an sich (›objektiv‹) lohnenswerte Tätigkeit ist, die daher ›intrinsische Motivation‹ (aus der Sache selbst bzw. um ihrer selbst willen) ermöglicht, wird hier vorausgesetzt und unten weiter ausgeführt. Diese Einsicht aber – und eine daraus erwachsende Haltung zum Dienst – muss oft erst geformt werden (dieses ›Formen‹ bedeutet, echt sokratisch, nicht ›Manipulation‹, sondern ›Ausbildung‹ und beinhaltet, wie jede gute Bildungsarbeit, Handreichungen zur Selbst-Erkenntnis; vgl. Platon, *Politeia*, 540c u.a.). Um diesen Zusammenhang geht es in den folgenden Überlegungen.

4 Perspektivität von Glück und Zufriedenheit: ein subjektiver Ansatz

1. Die philosophische Erkenntnislehre betont von jeher die Wechselwirkung von objektiven und subjektiven Faktoren im menschlichen Urteil; Psychologie und Sozialwissenschaften bestätigen das Phänomen immer neu[19]. Die Selbstwahrnehmung als Teil der Selbstethik, in der Glück und Zufriedenheit beurteilt werden, ist davon nicht ausgenommen. Zufriedenheitsempfinden ist perspektivisch – und damit nicht nur objektiv, sondern auch ›subjektiv‹ beeinflussbar. Zufriedenheit (auch mit objektiv bescheideneren Umständen) kann auch dann erhöht werden, wenn es gelingt, die Erwartungshaltung der Soldaten zu reduzieren, ohne darüber den Dienst in der Bundeswehr unattraktiv werden zu lassen.

Überhaupt stellt sich ein gelingendes Erwartungsmanagement als grundlegendes Desiderat in der Bundeswehr dar. Ethisch geboten ist es durch die Verantwortung des Dienstgebers gegenüber den Soldatinnen und Soldaten, die Fürsorge- und Ehrlichkeitspflicht einschließt, aber auch im Blick auf die Zufriedenheit der Bundeswehrangehörigen. Enttäuschte und überzogene Erwartungen sowie Intransparenz werden immer wieder zum Problem. Das belegen die betrachteten Studien eindrücklich. Die Befragten verlangen, dass Versprechungen gehalten werden und dass nur solche Versprechungen gemacht werden, die auch gehalten werden können (»keine falschen Versprechungen« – IFIZ, 60). Darüber hinaus wünschen sie generell eine »bessere Informationspolitik, um die Planbarkeit zu erhöhen« (VDPF, 10). Hier muss auch im Blick auf das Zukunfts- und Personalmanagement entschieden umgesetzt werden, was inzwischen selbst zum Grundsatz der Auslandseinsätze und des Umgangs mit den dortigen Partnern geworden ist: »Expectation Management« ist

---

[19] In der Gegenwartsphilosophie gibt es unterschiedliche Einstellungen zur Objektivität (übrigens auch der Wissenschaften); scheint sie aufgrund der ›Erkenntnisinteressen‹ Denkern wie J. Habermas unerreichbar, so hält etwa K. Popper zumindest an einer intersubjektiv verifizierbaren Objektivität fest (vgl. Popper 1973).

z.B. Teil der Beratermission »Resolute Support« in Afghanistan. Die Reduzierung von Erwartungshaltungen bedeutet keinen Verzicht auf gebotene Änderungen, sondern gewährleistet, dass realistische Erwartungen geweckt und bedient werden.

2. In VDPF, 79 ff. werden Lebenszufriedenheit und »Work-Life-Balance« in Zusammenhang gesetzt. Der Eindruck, dass ein numerisch ausgeglichenes Verhältnis (›balance‹) zwischen ›work‹ und ›life‹ maximale Lebenszufriedenheit bedeutete, wäre aber falsch. Das zeigt die Studie selbst: Obwohl bei 76 Prozent der Dienst überwiegt, sind 70 Prozent der Soldatinnen und Soldaten grundsätzlich mit ihrem Leben zufrieden. Der Mehrzahl gelingt es offenbar, sich mit einer ›Unbalance‹ und den daraus entstehenden Belastungen zu arrangieren. Das weist zum einen auf die subjektive Dimension des Umgangs mit Belastungen und deren Gewichtung im persönlichen Zufriedenheitsempfinden hin (was als Belastung empfunden wird, ist »abhängig von persönlichen und sozialen Ressourcen« – AFGR, 28). Zum anderen bestärkt dieser Wert auch die Notwendigkeit, die subjektive Seite der Dienstzufriedenheit näher in den Blick zu nehmen, zu formen und zu stärken. Denn die Fähigkeit der Befragten, sich mit dem Ungleichgewicht zwischen Dienst und Privatleben abzufinden, ist umso erstaunlicher, als nur 42 Prozent Zufriedenheit mit ihrem Dienst selbst bekunden (VDPF, 81).

Dieses Gesamtverhältnis ist besorgniserregend, denn es legt nahe, dass ein Teil der Soldatinnen und Soldaten dem Dienst wenig Bedeutung zumisst. Ihnen scheint Zufriedenheit im Dienst letztlich gleichgültig zu sein für ihre Gesamtlebenszufriedenheit. Dieser Zusammenhang wird in VDPF, 83 auch explizit belegt. In der Berechnung der für die Lebenszufriedenheit entscheidenden Faktoren nimmt der »Dienst« nur eine mittlere Stellung ein, deutlich hinter »Privat- und Familienleben«, »Freizeit« und auch hinter der Art, wie sich die Bundeswehr als »Arbeitgeber« darstellt (allerdings vor Faktoren wie dem »persönlichen Einkommen«). Dass Menschen bei der Beurteilung ihrer Lebenszufriedenheit anderen Lebensbereichen als dem Beruf Vorrang geben, kommt natürlich nicht nur bei Soldatinnen und Soldaten vor; es zeugt aber von verlorenem Potenzial. Bei aller Notwendigkeit des Ausgleichs zwischen Beruf und Privatleben: wer seinen Beruf als Berufung sieht, kann darin auch seinem Leben Sinn geben und damit höchste Zufriedenheit oder Glück finden.

›Balance‹ im Sinn eines ausgeglichenen Lebens, im Einklang mit sich selbst, findet also nicht nur, wer ›life‹ und ›work‹ gleichmäßig verteilt (z.B. zeitlich), sondern auch, wer seine Arbeit als integralen und sinnstiftenden Teil seines Daseins begreifen kann, die sein Leben mitdefiniert, anstatt sie als Gegenpol und Hindernis glücklicher Existenz wahrzunehmen[20]. Dazu ist keine zeitliche oder emotionale Vollhingabe an den Beruf nötig, aber eine Zufriedenheit mit der Arbeit, die nicht allein ›objektiv‹ begründet ist (etwa in möglichst guten und angenehmen Arbeitsbedingungen), sondern auch subjektiv, in einer positiven Haltung zum Beruf.

Dass sich die Attraktivität des Soldatendienstes auch über ›innere Werte‹ definiert und nicht allein über äußere Bedingungen, belegen die betrachteten Studien: Insbesondere materiellen Leistungen schreiben die Befragten regelmäßig eine vergleichsweise geringe Bedeutung zu in der Beurteilung ihrer (Un-)Zufriedenheit mit dem Dienst in der Bundeswehr und mit ihrem Leben insgesamt. So sind z.B. laut EFWD II, 7 »mehr als 80 Prozent« der FWDL mit ihrer Bezahlung zufrieden; zwar ist der Wert in VDPF geringer (55 %), aber finanzielle Leistungen (»persönliches Einkommen«) rangieren ganz hinten in der Auswirkung auf die persönliche Lebenszufriedenheit (VDPF, 83).[21]

---

[20] Die sinnstiftende Funktion und Würde menschlicher Arbeit betonen etwa die Soziallehren der christlichen Kirchen, z.B. die Sozialenzyklika *Laborem exercens* von Papst Johannes Paul II. (1981).

[21] Auch Einsatzrückkehrer sind nur nachrangig an finanziellen Unterstützungsleistungen interessiert bzw. zufrieden mit den bestehenden Leistungen; sie möchten vor allem »mehr Zeit« (AFGR, 73). Nur ein geringer Teil von ihnen (10 %) sieht eine Notwendigkeit zur Verbesserung der finanziellen Unterstützung von Soldaten und ihren Familien (AFGR, 93). – NB: Mit diesen Zahlen mögen einige Komponenten der Attraktivitätsagenda in Frage gestellt werden; andererseits sind die Äußerungen auch Beleg dafür, dass Maßnahmen in diesem Bereich bereits greifen bzw. dass Soldatinnen und Soldaten

Natürlich müssen, aus Fürsorge wie aus Sorge um die Konkurrenzfähigkeit auf dem Arbeitsmarkt, die objektiven Bedingungen des Dienstes in der Bundeswehr verbessert werden. Niemand erwartet, dass Soldatinnen und Soldaten ›stoische Weise‹ werden. Finanzielle Anreize, Kasernensanierungen, Arbeitszeitregelungen, Familienfreundlichkeit, heimatnahe Verwendungen und geringere Versetzungshäufigkeit, Familienbetreuung, planbare Karrieren, Aufstiegschancen sind wichtig. Und obgleich in der letzten Zeit bereits Fortschritte gemacht wurden, gibt es Bereiche, in denen eine große Zahl der Soldatinnen und Soldaten mit dem Angebot unzufrieden ist oder weitergehende Forderungen stellt (z.B. bezüglich der Familienfreundlichkeit – VDPF, 66 ff.). Entsprechende Maßnahmen sollten aber stets von einem ›subjektiven Ansatz‹ flankiert werden, in dem die Erwartungshaltung der Soldatinnen und Soldaten so gebildet wird, dass ihre Sicht auf die eigene Situation auch vom Bewusstsein der Bedeutung und Herausforderungen ihres Berufs geformt wird. Eine positive Haltung zum Dienst kann die Bundeswehr stärken, indem sie ihren Angehörigen – sowie deren Familien und der Gesellschaft insgesamt – immer wieder vor Augen führt, dass Soldatinnen und Soldaten Sinnvolles leisten, wenn sie ihre berufliche Existenz dem Einsatz für Freiheit, Frieden, Recht, Sicherheit und dem Schutz vor Gewalt widmen[22], dass ihr Tun Achtung verdient, dass es aber auch Einschränkungen und Verzicht rechtfertigt.[23]

---

eine realistische Einschätzung des erzielbaren Verdienstes haben (insbesondere scheint dies für FWDL zu gelten). Daneben ist klar, dass die Grundbedingungen stimmen müssen und dass Jugendliche im Rahmen der Berufswahl von ihrer Tätigkeit natürlich eine »gute Bezahlung« erwarten (AMB, 20). Von der Höhe des Solds, den selbst eine Mannschaftskarriere bei der Bundeswehr bietet, sind sie aber oftmals positiv überrascht (AMB, 20 f.).

[22] Diese Begriffe umreißen bereits den inhaltlichen Grund der Sinnhaftigkeit des Soldatseins. Eingehender wird darauf ab Kap. 8 eingegangen.

[23] Es geht also um die Stärkung eines positiven Selbstbildes der Soldatinnen und Soldaten. Im Hintergrund steht der o.g. aristotelische Glücksbegriff, der wahrhaft menschliche Erfüllung einschließt und auch in der Gegenwartspsychologie neue Beachtung findet. Demgegenüber gibt es psychologische Ansätze der Glücksforschung, die von vornherein dazu neigen, eine *glückliche* (sorgenfreie) Existenz gegen eine *sinnvolle* Existenz auszu-

3. Ein neuer, offensiv auch in die Öffentlichkeit getragener Fokus auf Sinn und Zweck des Militärs könnte Teil einer tiefergreifenden Imagekampagne werden, der nicht nur den Maßnahmen der Attraktivitätsagenda geistigen Grund gibt, sondern auch die notwendigen Reaktionen auf aktuelle Schwierigkeiten der Bundeswehr begleitet, die die Bemühungen um gutes und motiviertes Personal zu überlagern drohen. Dabei geht es nicht darum, von Problemen abzulenken oder Einzelfragen zu lösen, um möglichst schnell aus den Negativschlagzeilen zu kommen, also nicht um bloße ›Imagekorrektur‹. Vielmehr wird eine angemessene Antwort den längst begonnenen Prozess der steten Selbstreflexion und Weiterentwicklung nachhaltig fortsetzen. Entscheidenden Anteil daran hat die mutig-sachliche Arbeit in den aufgebrochenen Handlungsfeldern (von denen einige auch in den hier betrachteten Studien anklingen[24]): transparente Kommunikation, betriebswirtschaftlich konsequente Umsetzung von Rüstungsprojekten, Verbesserung der Materiallage, entschiedene Aufklärung und konsequente sowie effiziente Lösung von Führungs-, Struktur- und Organisationsproblemen, Implementierung der angekündigten ›Fehlerkultur‹[25]. Solche Bemühungen darf die

---

spielen (dort wird z.B. das Aufziehen von Kindern als existenzielles ›Opfer‹ gesehen, das zwar sinn-, aber auch stressvoll sei und damit nicht unbedingt glücklich mache). Von solchen Ansätzen motivierte Studien bestätigen schnell die – oft wenig reflektierten – Meinungen der Befragten, ohne die empirische Arbeit (Erfassen von Ansichten) mit Bildungsarbeit (Formen von Ansichten) zu begleiten. Die Dualität von Glück (»happiness« als »subjective well-being« im Sinn eines »feeling good«) und Sinn wird den Befragten sogar explizit vorgegeben. Ein Beispiel dafür ist die Studie der Universität Stanford (Baumeister et al. 2013). In Abkehr vom alten Gedanken, dass persönlicher Einsatz und Engagement – also eine existenzielle Teilhabe am Weltgeschehen, die Sein gestaltet und auch vor Schwierigkeiten und Herausforderungen nicht zurückschreckt, um gegebenenfalls Lebensbedingungen zu ändern und zum Guten zu wenden, die Sinn sucht, findet und setzt – authentisch menschliches Glück bereiten, können die Autoren so zum zweifelhaften Schluss kommen, Glück habe vor allem mit ›Nehmen‹, Sinn mit ›Geben‹ zu tun.

[24] Z.B. Intransparenz, unflexible und wenig effiziente Strukturen, belastende Bürokratie.

[25] Vgl. dazu etwa das Themenheft Zur Sache Bw 27, 1/2015.

Bundeswehr gerade in Zeiten, in denen sie Fehler aufarbeiten muss und sich immer wieder mit öffentlichen Rechtfertigungsansprüchen konfrontiert sieht, mit einer grundsätzlicheren Besinnung auf die Rolle der Streitkräfte und die Bedeutung des Soldatenberufs untermauern.

5   Ein Job wie jeder andere?

1. Die im Zuge der Attraktivitätsagenda geführte Diskussion um die Angemessenheit eines reinen »Unternehmerberater-Jargons« (H.-P. Bartels) spiegelt die ältere – und weitere – Debatte um den »Soldatenberuf im Spagat zwischen gesellschaftlicher Integration und sui generis-Ansprüchen« (Jahrbuch Innere Führung 2012). Im Kontext der neuesten Maßnahmen zur Personalgewinnung ist analog ein ›Spagat‹ zwischen dem klassischen soldatischen Berufs- oder Dienstverständnis und marktwirtschaftlicher Integration zu meistern. Allerdings geht es in Wirklichkeit gar nicht um einen Spagat, der mühsam, vielleicht schmerzhaft und nur unter größten Anstrengungen extreme Positionen zusammenführen könnte. Die Lösung wird vielmehr auch hier in einem ausgewogenen integrativen Ansatz liegen, wie er der Bundeswehr hinsichtlich ihrer gesellschaftlichen Integration längst zum inneren Wesenszug geworden ist: die »Innere Führung« mit dem Leitbild des »Staatsbürgers in Uniform« gewährleistet ja gerade, dass das Soldatsein in seinen sui generis-Ansprüchen gesellschaftlich integriert ist und mögliche Konflikte von innen her überwunden werden (weitere Details dazu werden unten ab Kap. 9 skizziert).

Bei der von Militärs, Wissenschaftlern, Politik und Medien kontrovers geführten Debatte, ob das Soldatsein als ein ›Job‹ wie jeder andere verstanden werden kann, ist sicher zu bedenken, dass Angehörige der Bundeswehr in zahlreichen Tätigkeitsfeldern und zur weitaus größten Zeit ihres Dienstes tatsächlich wie in einem ›normalen Beruf‹ arbeiten. Das also hebt die Attraktivitätsagenda zurecht hervor, wenn sie ein »weitgehend ziviles Berufsbild« (Dörfler-Dierken 2014, 28) zeichnet[26]. Doch es wäre unverantwortlich und damit unmoralisch, die besonderen Ansprüche (›Sonderstellung‹) des Solda-

---

[26]   Stets bewusst war darüber hinaus, dass auch unabhängig von den zahlreichen spezifischen Berufsfeldern, die die Bundeswehr abdeckt, die Offizierlaufbahn an sich »viele Berufe in einem« bietet, und zwar in jeweils »altersgemäßen Verwendungen«, und dass sie aus dieser Vielfalt einen Teil ihrer Attraktivität gewinnt (Zitat aus einem persönlichen Gespräch des Autors mit Oberst i.G. a.D. O. Freiherr Grote am 17.3.2015).

tenberufs zu vergessen. Das erhellt schon aus den oben skizzierten Rahmenbedingungen jedes Dienstes in den Streitkräften und ist nun näher zu betrachten. Das Bewusstsein, *anders* als andere Arbeitgeber zu sein, schwingt auch in aktuellen Werbekampagnen mit, deren Slogans lauten: »Bundeswehr in Führung: Aktiv. Attraktiv. Anders.« oder »Ungewöhnliche Farben. Außergewöhnlicher Beruf«. Freilich wird dieses Anders- und Außergewöhnlich-Sein gern auf den Anspruch der Bundeswehr auf Attraktivität als Arbeitgeber reduziert. Es ist ein Gebot antizipatorischer Fürsorge, den Ernst möglicher Kriegsszenarien nicht zu verschweigen. Doch stellt sich die Bundeswehr dieser – schon immer selbstverständlichen – Verantwortung seit jeher, indem sie sich gewissenhaft um eine sorgfältige Ausbildung ihrer Soldatinnen und Soldaten für den Ernstfall bemüht. Dass dieser Ernstfall im Kontext heutiger Einsatzrealitäten für den einzelnen Soldaten wahrscheinlicher geworden ist, muss auch die Personalwerbung deutlich machen – und zwar nicht nach dem Vorbild von Einschränkungs- oder Ausschlussklauseln (›Disclaimer‹) im Kleingedruckten des Arbeitsvertrags, sondern eingebettet in ein selbstbewusstes Bekenntnis zum größeren Sinn des Soldatenberufs.

2. Der Mut zu einer deutlichen Betonung besonderer Ansprüche ist keineswegs chancenlos auf dem Arbeitsmarkt. Denn ein solches Vorgehen entspräche durchaus der Sichtweise potenzieller Kandidaten: EFWD sowie AMB – eine im Auftrag des ZMSBw Ende 2011 durchgeführte Umfrage unter 2 500 Jugendlichen zwischen 15 und 24 Jahren – belegen, dass junge Deutsche die Bundeswehr grundsätzlich als attraktiven Arbeitgeber betrachten und auch den Dienst am Vaterland für ein sinnvolles Ziel halten[27]. So wird etwa das Motto der 2011 gestarteten Kampagne »Wir.Dienen. Deutschland.« nicht nur bei jungen Kampftruppenoffizieren positiv aufgenommen[28]. Auch bei den FWDL gehören »der Dienst für Deutschland« und

---

[27] Das gilt allerdings besonders unter dem Eindruck konkreter Unterstützung durch die Bundeswehr im Alltag, z.B. die Nothilfe in der Flutkatastrophe 2013; es gilt weniger, wenn es um »Krieg und Gewalt« geht (vgl. AMB, 36).

[28] Z.B. im 2014 erschienenen Band *Armee im Aufbruch*, auf den unten (Kap. 11) ausführlich eingegangen wird. Auch die Bevölkerung steht dem Motto positiv gegenüber: Laut ei-

»die Übernahme von Verantwortung« (neben dem »Erleben von Kamerad-schaft« und »Kennenlernen des Arbeitgebers Bundeswehr«) zu den ent-scheidenden Motivationen, in die Bundeswehr einzutreten (EFWD II, 2; vgl. EFWD I, 28). Gleichwohl lässt sich von den in AMB befragten Jugend-lichen ein Drittel (33 %) von der Gefahr für Leib und Leben, besonders bei Auslandseinsätzen, von einer Verpflichtung abschrecken (AMB, 36[29]). Zwar entspricht diese Wahrnehmung nur sehr bedingt der Einsatzrealität – die Mortalitätsrate von Soldaten ist vergleichsweise gering – und wird auch von einsatzerfahrenen Soldatinnen und Soldaten nicht geteilt: Nur 11 Prozent der Befragten in AFGR sehen »die »Gefährlichkeit des Dienstes« als »Belas-tung für Privat- und Familienleben« (AFGR, 12); der Wert ist noch geringer als in VDFP (18 %). Dennoch wäre die Nachwuchsförderung der Bundes-wehr schlecht beraten, wenn sie Risiko und Umstände des Soldatenberufs einseitig weiter zum ›normalen Job‹ nivellierte.

Noch als Vorsitzender des Verteidigungsausschusses des Deutschen Bun-destages empfahl der neue Wehrbeauftragte H.-P. Bartels, jungen Menschen nicht nur Versprechungen zu machen, sondern sie auch mit der Frage zu konfrontieren: »Soldat sein – traust Du Dir das zu?«[30] Er sprach damit das besondere Anforderungsprofil des Soldatseins an, das eine besondere Be-rufsmotivation erfordert. Vielleicht wird es aber gerade die von den Medien belächelte »Wohlfühlbundeswehr« sein, die es schafft, im Geborgensein ihrer Angehörigen im Grundbetrieb auch den Ernst des Soldatenberufs

---

ner Umfrage von 2012 finden es 76 % der Bundesbürger und 81 % der »jungen Männer zwischen 16 und 21 Jahre« gut, und sie verbinden damit (und mit der Bundeswehr ins-gesamt) »überwiegend positive Emotionen« (Bulmahn 2012, 5 f.).

[29] Überhaupt besteht unter den Jugendlichen eine gewisse Diskrepanz zwischen der grundsätzlich positiven Wahrnehmung der Bundeswehr und der persönlichen Einstel-lung zu den Streitkräften (gemäß AMB, 11 ist letztere bei 39 % sehr oder eher positiv, bei 33 % ambivalent und beim Rest der Befragten überwiegend negativ). Geht es um die konkrete Berufsentscheidung, liegt dann »im direkten Vergleich zu anderen Arbeit-gebern [...] die Bundeswehr im Hinblick auf die Beliebtheit bei den Jugendlichen nur im hinteren Drittel« (Höfig 2014, 249).

[30] Zit. in *Die Welt* vom 29.7.2014 (= Jungholt 2014).

lebendig zu halten und daraus gefestigte Menschen in Einsätze zu schicken, die dem Profil des Soldaten gerecht werden.

Dieses ›besondere‹ Berufsprofil umfasst nun selbstverständlich den Umgang mit der möglichen Gefahr für Leib und Leben und die Bereitschaft, den eigenen Auftrag auch mit der Waffe durchzusetzen und dabei gegebenenfalls zu töten. Soldatinnen und Soldaten erfahren seelische und ethische Belastungen nicht nur durch das Erleben und Erleiden von Gewalt, sondern auch durch deren Gebrauch. Sie sind damit der Gefahr der Dehumanisierung sowohl objektiv-aktiv (z.B. in der Reduzierung anderer Menschen auf zu bekämpfende Ziele) wie subjektiv-passiv (z.B. in der [Selbst-] Reduzierung auf die Tötungsfunktion) ausgesetzt [31]. Soldaten erleben menschliches Sein als eingebunden in den »Referenzrahmen Krieg« (Dörfler-Dierken 2014, 26).

Neben dieser offensichtlichsten aller Belastungen des soldatischen Dienstes wird das Profil des Soldaten aber auch von weniger extremen Anforderungen geprägt. Trotz aller Verbesserungen wird es immer die Fähigkeit umfassen, mit Verzicht und Entsagung umzugehen. Diese Qualität wird besonders ›im Einsatz‹ beansprucht (also in den aktuellen humanitären und Friedensmissionen, aber auch in einem Verteidigungskrieg). Doch auch der tägliche Dienst wird den Soldatinnen und Soldaten in Bezug auf Ungewissheiten, zeitliche und familiäre Einschränkungen, Mobilität und Stress weiterhin viel abverlangen. »Ein Soldat muss mit unklaren Lagen, mit unerwarteten Schwierigkeiten fertig werden. Er muss manchmal mit Mitteln improvisieren, die nicht immer den Idealvorstellungen entsprechen. Ein Soldat ist jemand, der eine Lösung nicht immer mitgeliefert bekommt, sondern sie oftmals selbst finden muss« (H.-P. Bartels, zit. in Jungholt 2014).

Wer jedoch solch »schwierige Situationen meistert«, erschließt sich eine zusätzliche Zufriedenheitsquelle (Streicher 2015, 60). Soldatinnen und Soldaten ist das oft bewusst. Das besondere Anforderungsprofil ihres Berufs er-

---

[31] Weitere Hinweise dazu in Göbel 2014.

fordert nicht nur eine besondere Motivation, sondern es ermöglicht sie auch in dem Maße, als sich junge Menschen von Herausforderungen ansprechen lassen. So suchen z.B. zwischen 70 und 80 Prozent der FWDL bei Diensteintritt explizit eine »herausfordernde Tätigkeit« und »Selbstständigkeit«, wollen »Verantwortung übernehmen«, sich »aktiv engagieren« und »etwas für ihr Land tun«. Sie wollen »sich weiterentwickeln können« und »neue Dinge lernen«, darunter explizit »Disziplin«[32] (EFWD II, 2 und I, 28).

3. Die Vermittlung der ›Sonderstellung‹ des Soldatenberufs kann durch eine emotionale Bindung der Soldatinnen und Soldaten an die Bundeswehr unterstützt werden, die zugleich deren »Commitment« stärken wird (vgl. AFGR, 112). Erfolgversprechend ist in dieser Hinsicht die Zufriedenheit vieler z.B. mit Kameradschaftserlebnissen, die zumindest bei jüngeren Soldatinnen und Soldaten und FWDL auch Klagen in den Hintergrund treten lassen. So ist z.B. »der am häufigsten genannte Grund für die Bereitschaft zur Weiterempfehlung des Freiwilligen Wehrdienstes [...] das Erleben von Kameradschaft. Fast jede fünfte Nennung bezieht sich auf diesen Punkt« (EFWD I, 38)[33]. Solche positiven Eindrücke spiegeln sich auch im öffentlichen Bild der Bundeswehr. In seiner Reaktion auf die Ergebnisse von AMB unterstrich der damalige Wehrbeauftragte H. Königshaus, dass »Teamwork und Kameradschaft als die wichtigsten Aspekte bei der Entscheidung für die Bundeswehr genannt« werden. Er schlussfolgerte, dass auch deshalb die Bemühungen, »die Bundeswehr attraktiver zu machen, keinen Übergang zur Beliebigkeit [bedeuten]. Die Entscheidung, Soldat oder Soldatin zu werden, bleibt etwas Besonderes« (zit. in Jungholt 2014).

Vor allem aber ist rationale Überzeugungsarbeit gefragt, die den Sinn der Sonderstellung des Soldatenberufs und seiner Herausforderungen erhellt. Es reicht nicht aus, dass diese Herausforderungen als solche motivierende

---

[32] Die Vermittlung soldatischer Tugenden ist sogar ein Hauptgrund für die Bereitschaft zur Weiterempfehlung des FWD (EFWD I, 38). Zu weiteren Gründen für den FWD s. EFWD I, 28.

[33] Hier hat auch eine überlegte Traditionspflege ihren Platz (s.u.).

Kraft für junge Menschen haben können oder dass »Heranwachsende eine natürliche Neugier auf Krieg und Kampf« haben[34]. Diese Phänomene kann sich die Bundeswehr zwar zunutze machen, sie wird aber immer wieder neu vermitteln müssen, dass ihre Anforderungen auf einem ethischen Fundament und im Dienst eines übergeordneten Ziels stehen. Zugleich ist die Sinnfrage unauflöslich mit der in den betrachteten Studien zentralen Leitfrage nach Zufriedenheit und Glück verbunden. Diese Einsicht ist leitendes Motiv aller philosophischen Sinnsuche, die mit der delphisch-sokratischen Mahnung zur Selbsterkenntnis anhebt und Wegweiser zum erfüllten Menschsein bereitstellt. Sind Menschen vom Sinn ihres Tuns überzeugt, so entwickeln sie Selbstbewusstsein, Motivation und Zufriedenheit. Ehe dem weiter nachgegangen werden kann, muss allerdings auf die Mehrdimensionalität des Sinnbegriffs hingewiesen werden, die vor allem in EFWD zum Tragen kommt.

---

[34] So der Konstanzer Psychologieprofessor T. Elbert, zit. in Elger 2015, 118.

6   Sinn und Selbstverwirklichung

1. Die Sinndimension wird in EFWD explizit, allerdings primär negativ, im Aufzeigen von Mängeln, Problemen, Handlungsfeldern. Besonders fällt der Abfall zwischen anfänglicher Zufriedenheit und dem späteren Unmut vor allem über die letzten Dienstmonate in den Stammeinheiten auf[35]. Einer hohen Motivation beim Diensteintritt und weitgehend befriedigenden Ersterfahrungen während der Grundausbildung[36] stehen in EFWD II folgende Zahlen gegenüber: 66 Prozent der Befragten zweifeln an der »Sinnhaftigkeit« ihres Tuns, weniger als die Hälfte findet den Dienst noch »interessant, abwechslungsreich und sinnvoll«, und viele FWDL fühlen sich »intellektuell unterfordert« (EFWD II, 7), was vor allem Abiturienten (76 %) und Realschüler (54 %) beklagen (EFWD II, 12, 20)[37]. Gleichwohl stellen insgesamt vom FWD »enttäuschte bzw. in hohem Maße verärgerte Teilnehmer keinen überproportional großen Anteil«: 70 Prozent sind mit ihrem Dienst zufrieden, 62 Prozent würden sich noch einmal verpflichten, und »jeder fünfte Befragte [will sich] nach Ende des FWD erneut bei der Bundeswehr bewerben« (EFWD II, 7, 33[38]). Die gefühlte Unterforderung hat allerdings erheblichen Einfluss bei den Soldatinnen und Soldaten, deren Gesamturteil zum FWD negativ ausfällt (EFWD II, 21).

---

[35] Die Unterschiede sind dokumentiert in den jeweils versetzt durchgeführten Erstbefragungen kurz nach Diensteintritt (EFWD I) und Zweitbefragungen kurz vor Dienstzeitende (EFWD II).

[36] Die Ergebnisse von EFWD I fasst EFWD II, 2 zusammen.

[37] Die Werte für die intellektuelle Unterforderung während der Grundausbildung sind zwar ähnlich, allerdings werden dort von vornherein körperliche Schwerpunkte erwartet (die intellektuelle Unterforderung hat daher weniger Einfluss auf die Gesamtzufriedenheit). Der Unterschied in der Beurteilung der körperlichen Unterforderung ist markant: Während der Grundausbildung fühlten sich nur 20 % der FWDL unterfordert, während des Dienstes in den Stammeinheiten sind dies 67 % (EFWD II, 15).

[38] Dass auch die intellektuelle Unterforderung nur einen Teilaspekt der Gesamtbewertung des FWD und seiner Attraktivität ausmacht, zeigt sich nochmals darin, dass selbst 53 % derjenigen, die sich unterfordert fühlen, sich erneut für den FWD entscheiden würden (EFWD II, 33). Hier spielen oft auch sehr praktische Erwägungen eine Rolle (z.B. Zeitüberbrückung vor Studienbeginn), die sich die Bundeswehr zunutze machen kann.

Zwischen den beiden Kernklagen über eine intellektuelle Unterforderung und die gefühlte Sinnlosigkeit des Dienstes besteht ein Zusammenhang. Er entspricht der philosophisch-anthropologischen Einsicht, dass der Mensch als Geistwesen nur zur Erfüllung kommen kann, wenn sein Geist hinreichende Entfaltungsmöglichkeiten hat. Die muss die Bundeswehr auch aus Eigeninteresse bieten. ›Fordern‹ und ›Fördern‹ bedingen sich hier auf mehrfache Weise: Nur wenn die Bundeswehr den Nachwuchs fordert, das »physische und kognitive Potenzial der FWDL« abruft (EFWD II, 26), ihre Leistungsbereitschaft anspricht – und darüber hinaus Leistung honoriert, also Soldatinnen und Soldaten möglichst unbürokratisch fördert –, kann sie nachhaltiges Interesse am Soldatendienst fördern. Den jungen FWDL reicht es nicht, existenzielle (Bezahlung, Freizeit, Heimatnähe u.a.) und soziale Bedürfnisse (Kameradschaft, vorbildliche Vorgesetzte, Ansehen des Arbeitgebers) allein bedient zu sehen; sie wollen Sinnvolles tun und sind dafür auch bereit, Herausforderungen anzunehmen (EFWD II, 26).

Freilich zielen die Klagen der FWDL zumeist auf den ganz konkreten ›Sinn‹ der jeweiligen Tätigkeit als Mannschaftssoldat(-in) in den Stammeinheiten, wo sie mit mehrheitlich »administrativen Aufgaben, etwa im Stabsdienst oder Nachschub-/Versorgungsdienst«, betraut sind (EFWD II, 7[39]). Zwar benutzen im Rückblick auch zur Beschreibung der während der Grundausbildung ausgeübten Tätigkeiten nur 42 Prozent das Attribut »sinnvoll«, doch 80 Prozent haben sie als »abwechslungsreich, interessant und lehrreich« erlebt (12 f.). Das bestätigt den Eindruck, dass der Sinnbegriff hier offenbar sehr praktisch verwendet wird: Die Grundausbildung wird zunächst als erfüllend erfahren, die dort erlernten Tätigkeiten werden aber besonders im Rückblick aus dem Aufgabenfeld in den Stammeinheiten als wenig zweckgerichtet (›sinnvoll‹) empfunden. Zugleich fließen hier die im engeren Sinn

---

[39] Der Innendienst überwiegt in den Stammeinheiten: 28 % der FWDL sind im Stabsdienst und 13 % in Nachschub und Versorgung tätig, zudem 12 % im technischen Dienst und 10 % als Kraftfahrer. Körperlich mehr gefordert scheinen die 16 % bzw. 2 % zu sein, die im Sicherungs- bzw. seemännischen Dienst eingesetzt sind (EFWD II, 10).

ichbezogenen Dimensionen der persönlichen Herausforderung und Erfüllung im Wehrdienst in die Sinnzuschreibung ein. Diese persönliche Komponente spielt bei den freiwillig Dienenden eine noch größere Rolle als bei den Wehrdienstleistenden früherer Jahre, doch auch da verhinderte die Einsicht in den politischen Sinn und die strategische Notwendigkeit des Wehrdienstes als solchen keine persönlichen Klagen. EFWD II, 38 zieht Ergebnisse einer Umfrage von 1976 heran, wonach »mehr als die Hälfte [der Wehrdienstleistenden] angibt, der Dienst sei im Rückblick für sie persönlich ›sinnlos‹ gewesen«, und bringt das in Verbindung mit Langeweile und Unterforderung im Dienst.

2. Die Klagen der heutigen FWDL konzentrieren sich allerdings auf die Zeit in den Stammeinheiten. Zugleich zeichnen die in EFWD dokumentierten Eindrücke insgesamt ein – vielleicht überraschend – positives Bild der Bundeswehr. Immer wieder werden bereichernde Erfahrungen hervorgehoben, die Chancen zur Persönlichkeitsentwicklung bieten und somit zum Gedanken der Wechselwirkung zwischen Selbsterkenntnis und Glück zurückführen. Zwar beziehen sich die Aussagen der Soldatinnen und Soldaten weniger auf die Reifung als Mensch, die Kernziel der Selbsterkenntnis der antiken Philosophie ist, sondern auf das Selbsterleben der einzelnen Person und die individuelle Charakterreifung[40]. Doch steht außer Frage, dass die Bundeswehr gerade da, wo sie ihre Angehörigen fordert, Möglichkeiten zur Aktivierung des Selbstverwirklichungspotenzials bietet, das zuhöchst glücksrelevant ist.

Die FWDL zählen dazu vor allem die anstrengenden Phasen ihrer Ausbildung, die fast durchweg als positiv und »attraktivste« Zeit des Dienstes angesehen werden (81 % sind damit zufrieden – EFWD II, 19). Und unter den mit dem FWD insgesamt Zufriedenen (das sind 70 %) – deren Erwartungen mehrheitlich erfüllt wurden – äußern 77 Prozent, dass sie sich »per-

---

[40] Zu den Unterschieden zwischen dem heute vorherrschenden, oft individualisierten Begriff von Selbsterkenntnis, der von der Psychologie geprägt ist, und der Selbsterkenntnis der Antike vgl. z.B. Cassirer 1990, 15–46 und Courcelle 1975, 719–740.

sönlich weiterentwickeln« konnten (das sagen sogar noch 39 % der Unzu-friedenen); 59 Prozent meinen darüber hinaus, dass sie Verantwortung übernehmen konnten (EFWD II, 33).

Dieses positive Bild der Bundeswehr wird übrigens – wohl ähnlich unerwar-tet – durch Soldatinnen und Soldaten bestätigt, die die gesteigerten Heraus-forderungen eines Auslandseinsatzes erlebt haben. Eine Mehrzahl der Af-ghanistanrückkehrer sieht ihren Einsatz als Quelle positiv prägender Erleb-nisse: 68 Prozent bekunden, der Einsatz habe sie »selbstbewusster ge-macht«, 56 Prozent wissen ihr »Leben heute mehr zu schätzen, und 41 Prozent halten sich heute für psychisch belastbarer« (AFGR, 7, 37 ff.)[41].

3. Doch zurück zu den FWDL. Trotz der insgesamt positiven Werte muss es für die Bundeswehr unbefriedigend bleiben, dass sich »selbst in der Gruppe, die angibt, insgesamt (eher) zufrieden zu sein«, 23 Prozent »nicht persönlich weiterentwickeln« konnten, »ein Drittel […] nichts Nützliches gelernt« hat[42], »und etwa 40 Prozent […] keine Verantwortung überneh-men« konnten (EFWD II, 8). Die Klagen der FWDL über die Sinnlosigkeit ihres Tuns müssen dem Dienstgeber zu denken geben. EFWD II, 12 emp-fiehlt deshalb, eine »intensivere Vermittlung von Sinn und Zweck der abver-langten Tätigkeiten« in den Ausbildungs- und Stammeinheiten anzustreben. Die Zufriedenheit mit dem FWD hängt nämlich »maßgeblich davon ab, wie

---

[41] Dass Einsätze im Einzelfall schwerwiegende Negativfolgen haben können, bleibt davon unberührt: AFGR, 7 stellt fest, dass 15 % der Veteranen meinen, aggressiver geworden zu sein (s.a. 60 f.). Auch zu Beziehungsproblemen kommt es, allerdings nicht in dem vielleicht erwarteten Umfang (s.u.). Außerdem fehlen in AFGR die Daten bereits aus der Bundeswehr ausgeschiedener Soldatinnen und Soldaten (das sind 22 % des Kontin-gents; AFGR, 16 verweist daher auf einen ausstehenden Abschlussbericht), und die Rücklaufquote der Fragebögen betrug nur 25 % direkt nach dem Einsatz bzw. 21 % zwei Jahre später. Abweichungen vom bisher erfassten Bild sind also möglich. Dennoch scheint klar, dass es überwiegend positiv bleiben wird. Zudem werden die bisher vorlie-genden Ergebnisse durch eine bislang unveröffentlichte qualitative Studie von G. Seng bestätigt (zit. in AFGR, 43).

[42] Unklar bleibt allerdings, wie die Befragten Nützlichkeit definieren (vielleicht als Nutz-barkeit für die spätere zivile Karriere?).

die Ausbildung inhaltlich ausgerichtet war, welche Aufgaben sie in den Stammeinheiten ausführten und vor allem, ob sie darin einen Sinn erkennen konnten und die Bundeswehr als effizient und organisiert wahrgenommen haben« (EFWD II, 25). Genau diese Aspekte fallen aber in der Bewertung der Gesamtdienstzeit deutlich ab: Nur 36 Prozent sind mit dem »täglichen Dienstablauf« zufrieden, 35 Prozent mit dem »organisatorischen Ablauf der Ausbildung« und schließlich nur 31 Prozent mit der »Sinnhaftigkeit des Dienstes« (ebd.).

Vor dem Hintergrund der Mehrdimensionalität des Sinnbegriffs ist allerdings in Erinnerung zu rufen, dass es in EFWD bei solchen Aussagen meist noch nicht um den übergeordneten Sinn der Bundeswehr geht, sondern um den konkreten Sinn der jeweiligen Tätigkeit der FWDL, also um hier und jetzt »sinnvolle Aufgaben« (EFWD I, 42). Die beiden Sinnebenen können sich aber bedingen. Das Bewusstsein dafür zu schärfen, ist Ziel des hier vorgeschlagenen Ansatzes, der Zufriedenheit (Zufriedenheitsfaktoren) nicht einfach abfragt, sondern Zufriedenheitsempfinden subjektiv bilden, einen Perspektivwechsel bewirken, den Sinn der Soldaten für die übergeordnete Bedeutung ihres Tuns schärfen und ihre intrinsische Motivation stärken will. ›Sinn‹ als psychologische Funktion für die Existenz des Einzelnen ist damit inhaltlich rückgebunden an den ethischen Sinn seines Tuns bzw. den Zweck und Wert der Strukturen, in die er eingebunden ist.

So münden die Klagen der FWDL über konkrete Tätigkeiten doch in die Frage nach Zweck und Sinn der Bundeswehr und des Soldatseins insgesamt, deren stets neue Definition und Vermittlung Aufgabe der ethischen, politisch-gesellschaftlichen, rechtlichen und historischen Bildung in der Bundeswehr bleibt und die sich eben nicht allein in einem oberflächlichen ›Sinn‹ erschöpft, der nur das Bedürfnis der jungen Soldaten nach Aktion, gefüllter Zeit, abwechslungsreichen Tätigkeiten und verminderter Langeweile befriedigt. Dass junge Menschen auch heute einen tieferen Sinn suchen und bereit sind, sich selbst unter Absehung von unmittelbarem Eigennutz und Inkaufnahme persönlicher Opfer in den Dienst einer ›größeren Sache‹ zu stellen, um darin Zufriedenheit zu finden, zeigt sich übrigens auch außerhalb der Bundeswehr[43]. In der Berufswahl kommen zunehmend ganzheitliche Motive zum Tragen; Freude am Beruf, ein gutes Arbeitsklima und »sinnvolle Tätigkeit« zählen dann mehr als »Gehalt, Prestige und Statussymbole«[44]. Die Bundeswehr kann hier durchaus mitbieten; sie muss sich dessen aber auch bewusst sein und sollte deshalb die Maßnahmen zur Steigerung ihrer Attraktivität mit geistig-ethischen Reflexionen zum Sinn des Soldatendienstes unterlegen und um ›weiche Faktoren‹ erweitern[45].

---

[43] In den USA profitieren von der neuen Aufmerksamkeit für »values« und »meaning, not money« Liberal Arts Colleges, die den Studierenden neben ihrem Hauptfach eine humanistische Bildung vermitteln. Darüber hinaus gibt es spezielle Programme zur Förderung des Sinn- und Wertebewusstseins (das »Harvard College Project on Purpose and Values in Education« fördert solche Initiativen). Zudem kommt es in den USA wohl öfter als anderswo zu Berufswechseln aus ähnlichen Motiven (freilich nicht immer für einen objektiv größeren Sinn, sondern auch für die rein persönliche Selbstverwirklichung). Daraus hat sich inzwischen ein eigener Coaching-Zweig entwickelt (vgl. z.B. http://pathfinderscareerdesign.com/switching-jobs-for-meaning-not-money). – Auf pervertierte Weise scheint der Grundgedanke, dass junge Menschen bereit sind, für etwas Opfer zu bringen, das sie für eine ›größere Sache‹ halten, noch in dem Motivationsmix eine Rolle zu spielen, der derzeit extremistischen Bewegungen zu Nachwuchs verhilft.

[44] Das belegen z.B. die Umfragen und Ergebnisse des Arbeitsklima-Indexes der JOB AG (hier vom März 2010).

[45] Der Begriff aus der Betriebswirtschaftslehre ist geeignet, Aspekte des hier vorgeschlagenen Blicks auf die intrinsische Motivation und Sinnreflexion von Soldatinnen und Soldaten zu beschreiben. Vgl. z.B. die Definition des Begriffs bei Lies o.J.: »In der Unternehmensführung wird zwischen harten und weichen Faktoren unterschieden, die den Erfolg eines Unternehmens bestimmen. Harte Faktoren (hard facts) lassen sich in betriebswirtschaftlichen Kennzahlen wie Kosten, Kapitalumschlag oder Durchlaufzeiten ausdrücken. Man spricht von ökonomischer Objektivierung durch Kennziffern. Zu den weichen Faktoren (soft facts) zählen Images, Stimmungen, aber auch Wissen und daraus resultierendes Verhalten (De-/Motivation) sowie Handlungsweisen (Unterstützung/Widerstand). Solche Faktoren heißen weich, weil sie gar nicht oder nur mit Hilfsindikatoren als Kennzahlen darstellbar sind. Ihre ökonomische Handlungsrelevanz ergibt sich aus der Kraft gruppendynamischer Prozesse«.

7   Zufriedenheit und Menschenführung

1. Natürlich zeigt die Unzufriedenheit der FWDL zunächst ganz konkreten Handlungsbedarf an, der wiederum zwei Seiten hat: Einerseits müssen die Erwartungen realistischer gemanagt werden, die Bewerberinnen und Bewerber an eine zeitlich begrenzte Tätigkeit in einem Mannschaftsdienstgrad haben können, die dem Kennenlernen und der Entscheidung über eine eventuelle Weiterverpflichtung in der Bundeswehr dienen soll. Das betrifft, wie EFWD hervorhebt, auch Auslandseinsätze: Die durchaus vorhandene Bereitschaft dazu steht in keinem Verhältnis zur tatsächlichen Realisierbarkeit während des FWD. 41 Prozent nennen eine Teilnahme als Ziel bei Diensteintritt, nur 6 Prozent kommen tatsächlich zu einem Einsatz (EFWD II, 11 und I, 30 f.). Andererseits muss überlegt werden, ob der FWD nicht auch nach der Grundausbildung fordernder und damit ansprechender gestaltet werden kann, um die »hohe Motivationslage« und »Leistungsbereitschaft« der FWDL abzurufen (EFWD II, 2).

Das kann zum einen die Übertragung verantwortungsvollerer Aufgaben einschließen, zum anderen aber auch die Durchführung weiterer Ausbildung auch während der späteren Monate des FWD. Insbesondere eine human- und gesellschaftswissenschaftliche Bildung zu Sinn und politisch-ethisch-historischem Fundament des Soldatseins bietet hier Chancen. Darauf ist im nächsten Kapitel zurückzukommen.

Möglichen Problemen bei der Übertragung anspruchsvollerer Aufgaben an die FWDL (Praktikabilität, Sicherheitsrelevanz, mangelnde Erfahrung, kurze Dienstzeit usw.) steht zumindest teilweise die Tatsache entgegen, dass viele FWDL nicht nur Leistungsbereitschaft mitbringen, sondern auch eine Vorbildung, die z.B. Auszubildenden in Zivilberufen oft abgeht. Der Vergleich mit »Trainee-Programmen« der Wirtschaft, den EFWD II, 38 im Kontext der Empfehlungen für eine Verbesserung des FWD zieht, ist deshalb passender als der Umgang mancher Vorgesetzter mit den FWDL.

Auch im Bildungsstand sind Potenzial und Anspruch der FWDL höher, als es vielleicht erwartet worden war; sie bestätigen keineswegs das Bild von einer »Unterschichtenarmee« (M. Wolffsohn): FWDL stammen weder vorwiegend aus strukturschwachen Regionen noch aus gesellschaftlichen Randgruppen und bildungsfernen Schichten. Der Anteil vormals Arbeitsloser ist gering (unter 7 %); 39 Prozent haben Hochschul- oder Fachhochschulreife, 30 Prozent einen Realschulabschluss; »das Bildungsniveau liegt damit deutlich über dem Durchschnitt der entsprechenden Altersgruppe« (EFWD I, 8; vgl. 13 ff.). Dieses »enorme Potenzial« (EFWD II, 2 und 6) darf nicht durch Leerlauf im Dienst und mangelnde Aufmerksamkeit verschenkt werden. FWDL benötigen gerade in den letzten Monaten ihres Dienstes aufmerksame Begleitung durch Personalführung und Vorgesetzte, die sie bei der Karriereplanung unterstützen können.

2. Im Allgemeinen erleben FWDL Vorgesetzte zumeist sehr positiv. Es handelt sich beim »Verhalten der Vorgesetzten« sogar – neben »erfahrener Kameradschaft« und der »Stimmungslage in der Einheit« – um einen entscheidenden Faktor in der insgesamt so positiven Beurteilung des FWD. Die FWDL bescheinigen ihren Vorgesetzten fachliche Kompetenz, Ehrlichkeit, Kameradschaftlichkeit, Verantwortlichkeit (diese Eigenschaften erhalten Zustimmungswerte von 77 bis 83 %) sowie Fürsorglichkeit, Gerechtigkeit, Zuverlässigkeit, Zugänglichkeit u.a. (67–75 %) (EFWD II, 18). Die Ergebnisse werden grundsätzlich von IFIZ, 39 ff. gestützt: demnach sind mehr als 50 Prozent aller Soldatinnen und Soldaten der Bundeswehr mit dem Führungsstil ihrer Vorgesetzten zufrieden, und bei Mannschaften steigt dieser Wert auf 69 Prozent[46].

---

[46] Eine Ausnahme stellt vor allem das Vertrauensverhältnis zwischen Unteroffizieren mit Portepee und Offizieren dar (IFIZ, 42). Diese Spannung zwischen oft lang gedienten, erfahrenen Unteroffizieren (die auch Führungsanspruch haben oder haben könnten) und den (z.T. jüngeren) ihnen direkt vorgesetzten Offizieren ist allerdings keineswegs ungewöhnlich und auch aus anderen Armeen bekannt.

Dennoch ist das Verhalten des Führungspersonals wohl oft ausbaufähig auf ein Miteinander hin, das ein wirklich menschliches Interesse an den ihm anvertrauten jungen Menschen einschließt. Gelingende Selbsterkenntnis und Lebensgestaltung schaffen Zufriedenheit, sie bedürfen aber der rechten Hilfe und Begleitung. Die antiken Philosophen sahen den Zusammenhang von Selbsterkenntnis und Seelsorge (Seelenführung, Psychagogie) ganz deutlich (Platon, *Phaidros* 271c)[47]. Sokrates ist *das* Beispiel für eine solche Erziehung, und ein klein wenig ›sokratisch‹ wird noch der militärische Vorgesetzte von heute sein müssen, wenn der Dienst in der Bundeswehr – übrigens auch für Vorgesetzte – nicht nur ein beliebiger ›Job‹ sein, sondern menschliche Erfüllung und Zufriedenheit bereiten soll.

Damit ist kein neuer, unrealistischer Anspruch an Unteroffiziere und Offiziere formuliert; vielmehr wird nur erneut eine Art der Menschenführung eingefordert, die längst Teil der Inneren Führung – also der »Führungskultur« der Bundeswehr – ist[48]. Zugleich bestätigt die Zufriedenheit vieler Soldatinnen und Soldaten mit ihren Vorgesetzten[49], dass es diesen durchaus gelingt, einen auf Vertrauen und Respekt bauenden, menschlichen Umgang auch im militärischen Umfeld zu pflegen. Nach Einschätzung des Verteidigungsministeriums schöpft die Bundeswehr daraus auch als Arbeitgeber Attraktivität: »Innere Führung macht [...] die Bundeswehr attraktiv. Die Umsetzung der Grundsätze der Inneren Führung im Dienstalltag macht aus der Bundeswehr einen ›guten Arbeitgeber‹, der seine Mitarbeiterinnen und Mitarbeiter an sich bindet und für potenziellen Nachwuchs interessant ist« (IFIZ, 8).

---

[47] Die antike Philosophie ist sogar als »Therapeutik« zu verstehen, vgl. dazu Hadot 1989.

[48] ZDv 10/1. Weiteres dazu etwa in Dörfler-Dierken 2013.

[49] IFIZ zeigt allerdings auch bedeutsame Einschränkungen auf; darauf wird unten zurückzukommen sein. – Als problematisch erscheint die Vorbildlichkeit der Vorgesetzten auch in der bei Anm. 13 genannten ›Attraktivitätsstudie‹: Dort fand es zwar ein Drittel des befragten militärischen und zivilen Personals »zutreffend«, dass sie »vorbildliche Vorgesetzte« haben, ein weiteres Drittel verneinte dies aber auch (Höfig 2014, 250).

3. Freilich haben laut IFIZ besonders niedrigere Dienstgrade oft wenig explizite Kenntnis der Inneren Führung: Während über 55 Prozent der Bundeswehrangehörigen insgesamt (und 84 bzw. 88 % der Offiziere und Stabsoffiziere) die ZDv 10/1 Innere Führung (2008) kennen, sich »intensiv damit beschäftigt haben« oder wenigstens »einige Fakten und Zusammenhänge« kennen, liegt dieser Wert für Mannschaftssoldatinnen und -soldaten bei nur 22 Prozent und für Unteroffiziere o.P. bei 40 Prozent. 56 Prozent der Mannschaften »haben davon gehört bzw. gelesen, wissen aber nichts Konkretes«, 22 Prozent geben an, »nichts davon gehört« zu haben und »sich auch nichts darunter vorstellen« zu können (IFIZ, 19 ff.)[50]. Zugleich verbinden niedrigere Dienstgrade mit dem Begriff vor allem einen ›menschlichen Umgang‹: In der Erhebung des assoziativen Verständnisses von Innerer Führung ragen die Stichworte »Kameradschaft und Menschenführung« heraus (IFIZ, 25). Da mag sich die Frage stellen, ob das positive Vorgesetztenbild und die weitgehend als gelingend und erfolgreich wahrgenommene Menschenführung in der Truppe Resultat einer spezifischen Verinnerlichung der Inneren Führung sind oder ob sie einfach einem ethischen *Common Sense* entspringen, mit dem sich Vorgesetzte darum bemühen, auch in ihrer Stellung vorbildlich Mensch zu sein und die Macht, die sie im Rahmen der militärischen Hierarchie haben, mit Menschlichkeit auszuüben.

Doch diese Ungewissheit ist nur bedingt als Problem anzusehen. Das Konzept der Inneren Führung stellt ja u.a. gerade den Versuch dar, gutes Menschsein in den militärischen Kontext zu übersetzen. Dem muss allerdings erstens immer wieder neuer Entfaltungsraum gegeben werden, und zweitens müssen Vorgesetzte und Dienstgeber deutlich machen, dass der ›menschliche‹ Umgang, den Soldatinnen und Soldaten bereits erleben und –

---

[50] Ähnlich besteht ein Unterschied zwischen Berufssoldaten (78 % kennen zumindest einige Fakten und Zusammenhänge oder haben sich sogar intensiv mit der Inneren Führung beschäftigt) und Zeitsoldaten (hier liegt der entsprechende Wert bei nur 46 %).

vielleicht unbewusst – praktizieren, Teil der Inneren Führung und damit des originären Führungsmodells der Bundeswehr ist[51].

4. Vor allem in Problem- und Konfliktsituationen zeigt sich, dass zugleich Raum für Verbesserungen der persönlichen Fürsorge von Vorgesetzten gegenüber den ihnen anvertrauten Soldatinnen und Soldaten bleibt, die vielleicht nur durch spezifische Schulungen zu erzielen sind (Mitarbeiterführung, Tutorium, Counseling). Das belegt auch AFGR. Während Einsatzrückkehrer gerade mit der Begleitung durch Militärseelsorger (!) »auffallend« zufrieden sind (56 %)[52], wird »die Unterstützung durch Vorgesetzte oder Teileinheit/Verband wesentlich skeptischer beurteilt« (AFGR, 9). 79 Prozent der Soldatinnen und Soldaten suchen bei Schwierigkeiten nach dem Einsatz Vorgesetzte auf, aber nur 35 Prozent sind mit deren Unterstützung zufrieden (AFGR, 65).

Im Blick auf den FWD wird es darum gehen, Vorgesetzte in den Einheiten und Personalabteilungen noch mehr für die konkreten Bedürfnisse der jungen Soldatinnen und Soldaten in einer kritischen Phase ihrer Lebensplanung zu sensibilisieren. Vorgesetzten muss bewusst sein, dass es sich bei den FWDL nicht einfach um Lehrlinge oder Ungelernte handelt, die mit unterfordernden Tätigkeiten zu beschäftigen sind, sondern um potenziellen Nachwuchs und zukünftige Führungskräfte (›Trainees‹). Mit einer solchen Haltung sollte es auch möglich sein, solche FWDL anzusprechen, die für die Offizierlaufbahn in Frage kommen, und ihnen interessante Einblicke in dieses Berufsfeld zu geben. Natürlich gibt es Grenzen dessen, was voll eingespannte Truppenführer, Offiziere und Stabsoffiziere an zusätzlichen ›Be-

---

[51] Vgl. dazu die Deutungsansätze in IFIZ, 21 und die »Empfehlungen zur Erhöhung der Kenntnisse in Innerer Führung« (28 f.). – NB: Methodisch-pädagogisch werden hier praktizierte Vorbildlichkeit und ausdrückliche, schulungsartige Erklärung (Bewusstmachung) zusammenkommen müssen. In der menschlichen Erziehung und Charakterformung darf die in der Bundeswehr gern praktizierte »Vier-Stufen-Methode« VENÜ (Vormachen-Erklären-Nachmachen-Üben) nie zum bloßen VNÜ werden.

[52] Mit Truppenärzten und Truppenpsychologen, Peers und dem Sozialdienst der Bundeswehr sind 43 bis 33 % zufrieden (AFGR, 65 f.).

treuungsaufgaben‹ leisten können. Wenn es aber nicht gelingt, FWDL mit Hochschulreife in genügendem Maße für eine Karriere in der Bundeswehr zu interessieren, müssen die ursprünglichen Personalgewinnungsziele des FWD überdacht werden. Darauf weist EFWD II, 39 hin: Sollte man sich für die Beibehaltung des FWD in der jetzigen Form entscheiden, wäre er wohl höchstens geeignet, Bewerber »für die Mannschafts- und Unteroffizierlaufbahn zu gewinnen«. Ein bedeutender Teil des Bildungs- und Motivationspotenzials gegenwärtiger FWDL würde damit aufgegeben.

Neben einer geänderten Haltung der Vorgesetzten FWDL gegenüber wird möglicherweise auch zusätzliches Personal benötigt, das als Ansprechpartner zur Verfügung steht und Wege der Weiterverpflichtung (dann in verantwortungsvolleren Positionen und Laufbahnen!) und der dazu geeigneten Ausbildung aufzeigen kann. Schließlich ist die Sicherheit in der Karriere- und Lebensplanung ein Faktor der Zufriedenheit, der nicht erst von Zeit- und Berufssoldaten als Desiderat angesehen wird (vgl. z.B. IFIZ, 61). EFWD II diagnostiziert zudem mangelnde »Informationsarbeit in den Stammeinheiten«, in denen sich etwa die Hälfte der FWDL nicht gut über Karrierechancen in der Bundeswehr informiert fühlt, und legt daher Vorgesetzten nahe, »gezielt auf geeignete Kandidatinnen und Kandidaten« zuzugehen (EFWD II, 28). Unter den konkreten Empfehlungen zur Verbesserung des ›Erlebnisses FWD‹ – die auf die Zufriedenheit der FWDL und den Erfolg der Personalwerbung der Bundeswehr zielen – ragen eine »individuellere Betreuung« und mehr »Flexibilität seitens der Personalorganisation« heraus (EFDW II, 38 f.)[53]. Der Umgang mit den FWDL kann letztlich als weiterer Prüfstein des von der Inneren Führung lebenden Vorgesetztenverhaltens in der Bundeswehr gesehen werden, das zwar grundsätzlich positiv beurteilt wird, aber auch verbesserungswürdig bleibt. Das wird in IFIZ deutlich, wonach Untergebene gerade auf Defizite in der »Fähigkeit der Vorgesetzten zur Problem- und Konfliktkommunikation« hinweisen und

---

[53] Diese Forderung stimmt überein mit einem der in der Attraktivitätsagenda erklärten Ziele: neue Karrierepfade durch »individuellere Personalplanung«, »Flexibilisierung der Organisation und Entfrachtung der Laufbahnvorgaben« (Höfig 2014, 252).

darunter – neben allgemeinen und einsatzspezifischen Handlungsfeldern – explizit die »Vermittlung des Sinns von Aufgaben« nennen (IFIZ, 76). Daneben werden unter anderem Probleme im persönlich-partnerschaftlichen Umgang mit den Untergebenen genannt. Die Autoren folgern: »Wer möchte, dass die Untergebenen zufrieden bei ihrer Aufgabenerfüllung sind, der sollte die Vorgesetzten stärken. Sie müssen hohe persönliche und emotionale Belastungen vor allem im Bereich konflikttransformierender Kommunikation aushalten und große Fähigkeit sowohl zu vorbildlichem als auch zu gemeinschaftlichem Handeln zeigen« (IFIZ, 77).

8   Sinnvermittlung und Freiwilliger Wehrdienst

1. Neben praktischen Änderungen müssen auch den FWDL nachhaltiger die größeren Zusammenhänge der Sinnhaftigkeit ihres Dienstes vermittelt werden. Das fördert die Identifikation der Soldatinnen und Soldaten mit Dienst und Dienstgeber; zugleich steigert die Erkenntnis eines größeren Sinns die Zufriedenheit des Menschen mit seiner Arbeit und mit sich selbst. Offenbar ist gerade in den letzten Monaten des FWD genug Zeit, in der Maßnahmen zur weiteren Ausbildung und Berufsfindung unterfordernde und als sinnlos empfundene Tätigkeiten ersetzen könnten. Besonders sinnvoll könnte diese Zeit mit geistiger Arbeit zur ethisch-politisch-historischen Dimension des Soldatenberufs gefüllt werden. Neben fortgesetzter soldatisch-fachlicher und sportlicher Ausbildung wären FWDL damit auch intellektuell gefordert. Das gegenwärtige Bildungsniveau der FWDL liefert ein zusätzliches Argument für diesen Vorschlag. Allerdings geht es nicht darum, ›akademische Bildung‹ zu betreiben; vielmehr muss die Sinnhaftigkeit des Dienstes in der Bundeswehr in einer Weise vermittelt werden, die bei allen FWDL Verständnis findet.

Natürlich betrifft die Diskussion auch – und in mancher Hinsicht vor allem – Zeit- und Berufssoldaten (dem entsprechen die Empfehlungen zur generellen Stärkung der Kenntnisse der Inneren Führung in der Truppe in IFIZ, 74–78). Unter der gegenwärtig so betonten Rücksicht der Personalgewinnung stellen die FWDL aber eine besonders wichtige Gruppe dar. EFWD zeigt, dass die Bundeswehr hier einen ihr bereits verfügbaren Pool von jungen Menschen hat, aus dem sowohl der unmittelbare Nachwuchs hervorgehen kann als auch potenzielle Multiplikatoren, die das Bild der Bundeswehr prägen. Letzteres hat wiederum »personalwerbliche Effekte in die Gesellschaft hinein« (EFWD II, 38).

2. Fassen wir zusammen: Eine verstärkte gesellschafts- und humanwissenschaftliche Bildung der FWDL gerade während der letzten Dienstmonate würde mehrfach nützen:

(a) Sie würde der unmittelbaren Attraktivität und ›Sinnhaftigkeit‹ der Wehrdienstzeit dienen (Beschäftigung mit sinnvollen, geistig ansprechenden Themen) und so Zufriedenheit bei den FWDL generieren.

(b) Damit kann sie die große Chance stärken, die sich im FWD für die Bundeswehr auftut, nämlich bereits interessierten Nachwuchs zu fördern und für eine längere Verpflichtung zu gewinnen, indem sie die vorhandene Motivation und Leistungsbereitschaft anspricht und mit sinnvollen Zielen untermauert. Interessierte FWDL sollen nicht nur zur Weiterverpflichtung ermuntert, sondern zugleich weiter geformt (gebildet) werden. Die FWDL verdienen gerade aufgrund ihres Motivations- und Bildungspotenzials eine intensivere Ausbildung in der Inneren Führung. Sie sollten von Beginn an als Teil einer potenziell die Zukunft der Bundeswehr prägenden Soldatengeneration gesehen werden.

Dabei kommen allerdings auch die oben skizzierten Überlegungen zu einem ehrlichen und realistischen Erwartungsmanagement, zum subjektiven Ansatz und Sinnverständnis zum Tragen. Obgleich die Tätigkeiten der FWDL so attraktiv wie möglich sein sollten, muss auch klar sein, dass kein Arbeitgeber seine Mitarbeiter oder Trainees immer nur objektiv beglücken kann. Die Bundeswehr muss bei den FWDL wohl auch Verständnis dafür wecken dürfen, dass sie nicht immer nur aufregende, spannende, persönlich erfüllende und die Wachstumsbedürfnisse junger Menschen befriedigende Tätigkeiten bieten kann – aber einen Beruf, der insgesamt sinnvoll ist, der darum Zufriedenheit bereitet und für dessen Sinn es sich lohnt, auch Widrigkeiten in Kauf zu nehmen und so dem oben skizzierten Profil des Soldaten voll gerecht zu werden. Dass die FWDL dazu grundsätzlich bereit sind, belegt EFWD eindrücklich.

Dass zufriedene FWDL darüber hinaus echtes Interesse an einer Weiterverpflichtung haben, beweisen die Zahlen; allerdings ist – aus den dargestellten Gründen – zwischen EFWD I und II ein deutlicher Abfall zu verzeichnen: Interesse an einer »längerfristigen Bindung an den Arbeitgeber Bundeswehr« hatten bei der Erstbefragung 61 Prozent, bei der Zweitbefragung nur noch 38 Prozent (EFWD II, 29)[54].

(c) Verständige und damit zufriedenere FWDL werden den FWD auch an ihre Bekannten weiterempfehlen. EFWD zeigt deutlich, dass zufriedene Soldatinnen und Soldaten dazu »vier Mal öfter bereit« sind als unzufriedene (84 % gegenüber 20 %). Auch Über- und Unterforderung wirken sich aus: 83 Prozent derjenigen, die sich angemessen gefordert fühlen, würden den FWD weiterempfehlen, aber nur 61 Prozent der »eher unterforderten« FWDL (EFWD II, 27)[55]. Somit kann eine didaktisch überzeugend umgesetzte ethisch-politisch-historische Bildung und Sinnschärfung der FWDL diese begeistern und sollte gleichzeitig geeignet sein, weitere Begeisterung für den Dienst in der Bundeswehr zu erzeugen.

(d) Auch FWDL, die sich nicht weiter verpflichten oder für den FWD werben wollen, prägen – ähnlich den Wehrpflichtigen früherer Zeiten – als Multiplikatoren das Bild der Bundeswehr in der Gesell-

---

[54] Zudem äußern 24 %, »vielleicht« Interesse zu haben. Unter den sicher Interessierten sind »weniger als ein Drittel der FWDL mit Hochschulreife«, aber »zwei Drittel der Befragten mit Realschulabschluss«. Der Grund für diesen Unterschied liegt aber nicht unbedingt in der intellektuellen Unterforderung von Abiturienten, sondern auch in der Planung der FWDL mit Abitur, die den Dienst von vornherein als Überbrückungszeit bis zum Studienbeginn nutzen wollen (EFWD II, 30). Allerdings gelingt es offenbar nicht in größerem Maße, diese Personengruppe während des FWD von einem Karrierewechsel zur Bundeswehr zu überzeugen.

[55] Der Wert ist tatsächlich »signifikant geringer« (ebd.), allerdings auch noch beachtlich; er spiegelt das insgesamt positive Bild des FWD und zeigt, dass die Gesamtzufriedenheit mit dem FWD nicht allein aus seinem geistigen und körperlichen Anspruch erwächst.

schaft. Die Bundeswehr hat die Chance, dieses Bild über die Bildung der FWDL selbst mit zu formen.

Natürlich umfasst das alle Soldatengruppen und erfordert direkte gesellschaftliche Interaktion. Den Sinn und Zweck der Bundeswehr überzeugend zu transportieren, ist eine Gesamtaufgabe, der sich auch die Politik immer wieder zu stellen hat. Den Zusammenhang zwischen einer öffentlich geführten, übergeordneten Sinndebatte und der Attraktivität der Bundeswehr unterstrich A. Schockenhoff im Anschluss an die Veröffentlichung von AMB. Er forderte – wie schon andere Parlamentarier – eine jährliche »sicherheitspolitische Generaldebatte«, die sich nicht auf »gerade anstehende Entscheidungen über Einsatzmandate« beschränkt, sondern »die Einordnung in größere Zusammenhänge« gewährleistet, um so Aufklärung und Verständnis bei den Bürgern und den »potenziell Interessierten für ein Engagement bei der Bundeswehr« zu erzielen (zit. in Jungholt 2014). Das wünschen sich auch die Soldatinnen und Soldaten selbst. 82 Prozent der Befragten in IFIZ sehen es als notwendig an, die »Anerkennung in der Bevölkerung« für ihren Dienst zu stärken (IFIZ, 61; s.a. AFGR, 98).

(e) Unabhängig von jeder Personalwerbung ist schließlich eine verstärkte ethisch-politisch-historische und rechtliche Bildung der FWDL auch Selbstzweck und Pflicht der Bundeswehr im Rahmen des mit der Inneren Führung gegebenen Bildungsauftrags allen Soldaten gegenüber (vgl. § 33 SG). Damit ist »die Bundeswehr auch als Bildungsanstalt zu beschreiben« (Dörfler-Dierken 2012), was dem alten Wort von der Armee als »Schule der Nation« tiefere Bedeutung gibt.

Vor dem Hintergrund der Aufmerksamkeit, die aktuelle Studien der Zufriedenheit der Soldatinnen und Soldaten widmen, ist deutlich zu machen, dass die Beteiligung der Bundeswehr an der gesellschaftlichen Diskussion über den Sinn des Militärs und die Stellung von Soldaten über politisch-ökonomische Rechtfertigungszusammenhänge und kurzfristige Personalgewinnungsmaßnahmen hinausgeht. In der Besinnung auf Sinn, Ethos und Glück des Soldat- und Menschseins kann sie geradezu philosophische Tiefe erhalten.

3. Die humanwissenschaftliche Bildung der FWDL und aller Soldatinnen und Soldaten der Bundeswehr umfasst eigene Unterrichte, etwa in den Formaten der Politischen Bildung und des Lebenskundlichen Unterrichts (LKU), die ernsthaft betrieben, attraktiv gestaltet und durch Vorgesetzte sichtbar gefördert werden müssen. Bildung braucht eine bildungsfreundliche Atmosphäre, insbesondere, wenn es um Gewissensbildung, Selbstreflexion, gesellschaftlichen Diskurs und ethische Reifung geht. Geisteswissenschaftliche Unterrichte bieten dafür einen besonderen (Schutz-)Raum innerhalb der grundsätzlich hierarchisch strukturierten Streitkräfte. Sie sind aber nur tragfähig, wenn Einheitsführer für ein insgesamt ethisches Klima sorgen und in ihrer Grundhaltung zeigen, dass ihnen die menschliche Bildung und persönliche Reifung ihrer Soldaten wichtig ist. Neben den von Spezialisten, Militärs wie Zivilisten, Human- und Gesellschaftswissenschaftlern sowie Militärseelsorgern durchgeführten Unterrichten wird ethisch-politische-historische Bildung im täglichen Umgang mit den Vorgesetzten erfolgen. Die bedeutende Rolle der Vorgesetzten in diesem Kontext und das Verlangen nach »Führen durch Vorbild« zeigt z.B. IFIZ, 39–58. Es ist zugleich wesentliches Element des Leitbilds und Selbstverständnisses der Bundeswehr. Im Konzept der Inneren Führung erhält soldatische Vorbildlichkeit einen besonderen ethischen Rahmen.

Somit ergeben sich aus der Inneren Führung sowohl die Inhalte des Zuvermittelnden wie die wesentliche Methode zur Vermittlung dieser Inhalte (Leitlinien der Menschenführung). Sie erweist sich wahrhaft als eine ganzheitliche Führungs-Kultur, die weltanschauliche Grundsätze, didaktische Überlegungen und die konkrete, pädagogisch-ethische Umsetzung umfasst. Allerdings ist zuletzt wiederholt die Frage aufgekommen, ob die Innere

Führung aus der Gründerzeit der Bundeswehr für die »Generation Einsatz« noch aktuell sein kann. Solche Bedenken motivierten auch IFIZ (vgl. 12, 75); doch die Ergebnisse der Studie sind überwiegend so positiv, dass die Autoren zu dem Schluss kommen: »Totgesagte leben länger«[56]. Der höchst aktuellen Bedeutung der Inneren Führung sei im Folgenden in mehreren Schritten nachgegangen.

---

[56] Unter diesem Titel erschien eine Zusammenfassung der Studie in *if – Zeitschrift für Innere Führung*, 1/2015, 52–59.

9   Besonderer Beruf, aber keine Mikrogesellschaft

1. Dass es sich beim Soldatsein um einen ›besonderen‹ Beruf handelt, der auch einen besonderen Sinn hat, ist bereits angeklungen. Natürlich stellt der Soldatenberuf damit in mancherlei Hinsicht sui generis-Ansprüche, und die Bundeswehr wird gut daran tun, auch in der Personalgewinnung – zur Identifikation, Motivation und als Quelle von Leistungsbewusstsein und Zufriedenheit – seine Alleinstellungsmerkmale zu betonen. Zugleich müssen aber Missverständnisse vermieden werden. Im Zentrum dabei steht die inhaltliche Bestimmung des die sui generis-Ansprüche tragenden Geistes.

Die ›Sonderstellung‹ des Berufs von Bundeswehrangehörigen besteht eben nicht allein im Soldatsein, sondern darin, Soldat oder Soldatin in der Bundeswehr zu sein, einer Parlamentsarmee, die im Gedanken der Inneren Führung und des »Staatsbürgers in Uniform« fest in einer demokratischen Tradition verankert ist und dem Frieden dient. Zugleich ist klar, dass das besondere Berufsprofil des Soldaten weder eine Eigenmoral begründet noch dem Militarismus vergangener Zeiten oder einem »Staat im Staate« Raum gibt. Streitkräfte sind – in ihrer notwendig hierarchischen Binnenstruktur – ein Ausdruck, Organ und Garant des staatlichen Gewaltmonopols, dieses aber ist in einem demokratischen Rechtsstaat wie der Bundesrepublik Deutschland klaren rechtlichen, demokratischen, politischen und auch ethischen Bedingungen unterworfen. Dieser, bei der Gründung der Bundeswehr wesentliche Gedanke, darf angesichts neuerer Entwicklungen nicht vernachlässigt werden, auch nicht im Kontext der grundsätzlich so bedeutenden Bemühungen um die Zufriedenheit der Soldatinnen und Soldaten. Auch hier kommt der Grundsatz zum Tragen, nicht nur Ansprüche und Befindlichkeiten empirisch zu erfassen, um Wünschen nachgeben und so Zufriedenheit erzeugen zu können, sondern Ansprüche zu formen und Verständnis für den Sinn des Dienstes in der Bundeswehr zu wecken.

2. Dass eine ›Totalfürsorge‹ der Bundeswehr für ihre Angehörigen (bzw. darauf zielende Wünsche) vor dem Hintergrund des demokratischen Selbst-

verständnisses des Militärs in Deutschland auch Gefahren bergen könnte, mag oft nicht bewusst sein. Ein exklusiver Fokus auf erhöhte Attraktivität, Sozialleistungen, Familienbetreuung und Freizeitangebote allein, ohne deren Einbindung in gesamtgesellschaftliche Strukturen zu garantieren, kann aber problematisch werden.

In AFGR sind die Klagen und Wünsche der einsatzerfahrenen Soldatinnen und Soldaten nach einer verbesserten Unterstützung für sie selbst und ihre Familien auch durch den internationalen Vergleich motiviert, vor allem im Blick auf die Verhältnisse in den USA, die Wohnungsfürsorge und »Lebens- und Dienstbedingungen amerikanischer Soldatinnen und Soldaten und deren Familien« (AFGR, 93). Doch stehen diesen, als positiv wahrgenommenen Lebensumständen soziale Schwierigkeiten gegenüber, die von deutscher Seite aus leicht übersehen werden. So begünstigt unter anderem die Wohnsituation amerikanischer Armeeangehöriger (reine Soldatensiedlungen innerhalb des Kasernengeländes) die Ausbildung von Mikrogesellschaften und damit das Auseinanderdriften von ziviler und militärischer Kultur (»civil-military culture gap«[57]).

Die Herausbildung sozialer Eigenstrukturen im Umfeld der Streitkräfte könnte auch durch die familiäre Situation (Partnerbeziehungen) der Soldaten verstärkt werden. Hier gibt es einen auffälligen Widerspruch in VDPF: Auf die Frage nach den Auswirkungen dienstlicher Belastungen auf partnerschaftliche Beziehungen antworten 43 Prozent der Befragten ohne Partner, »dass es aufgrund ihrer beruflichen Situation nicht einfach ist, einen Partner kennenzulernen« (VDPF, 7, 49); zugleich haben aber 42 Prozent der Gesamtbefragten in den letzten fünf Jahren »einen neuen Lebenspartner kennengelernt« (VDPF, 8; vgl. AFGR, 46–51). Unklar ist dabei, wo Bundeswehrangehörige tatsächlich ihre Partnerinnen und Partner suchen und wo sie sie finden. Vielleicht geschieht dies zunehmend auch hier innerhalb der Streitkräfte und deren direktem Umfeld. Dass der Arbeitsplatz eine ent-

---

[57] Für einen knappen Überblick über die verschiedenen Phasen dieser Entwicklung in den USA seit dem Zweiten Weltkrieg vgl. z.B. Cohn 1999.

scheidende Rolle in der Partnersuche spielt, ist bekannt[58]. In der Bundeswehr ist eine solche Entwicklung durch die umfassende Öffnung des Soldatenberufs für Frauen (2000/01) zweifelsohne gestärkt worden. Zwar beträgt der Frauenanteil (einschließlich des Sanitätsdienstes) derzeit (Stand Juni 2015) nur knapp 11 Prozent, allerdings sind schon jetzt die Partner der Soldatinnen »überwiegend in der Bundeswehr beschäftigt, in geringem Maße als Zivilbeschäftigte, vor allem jedoch als Soldat(-in) [der Anteil macht 61,2 % aus, C.G.]. Hier haben wir es also mit einer hohen Zahl von Soldatenpaaren zu tun« (Kümmel 2014, 47). Und auch bei den Soldaten beträgt der Anteil der in der Bundeswehr beschäftigten Partnerinnen immerhin 11,7 Prozent (Soldatinnen) plus 4 Prozent (Zivilbeschäftigte). Diese Entwicklung würde durch das erklärte Ziel, den Frauenanteil in der Bundeswehr auf 20 Prozent zu steigern[59], wohl weiter begünstigt. Unabhängig von jeder grundsätzlicheren Bewertung der Rolle und Situation von Frauen in der Bundeswehr (vgl. dazu etwa Kümmel 2014), ist aus der hier betrachteten Rücksicht von Partnerbeziehungen und gesellschaftlicher Einbindung von Soldatinnen und Soldaten eine solche Entwicklung einerseits als positiv zu sehen: Sicher können Bundeswehrangehörige bei Partnern und Partnerinnen innerhalb des Militärs am ehesten auf Verständnis für ihren Beruf zählen. Andererseits könnte die Problematik einer militäraffinen Mikrogesellschaft aber verschärft werden.[60]

---

[58] So beginnt in Deutschland einer Umfrage des Marktforschungsinstituts IFAK zufolge etwa jede zehnte Beziehung (und jede dritte Ehe) am Arbeitsplatz (zit. auf www.zeit.de am 5.2.2010).

[59] Verteidigungsministerin von der Leyen benannte dies als mittelfristiges Ziel in einem Interview mit der *Bild am Sonntag* vom 31.5.2015.

[60] Dass die Partnersuche für Soldatinnen und Soldaten grundsätzlich schwierig sei, erscheint übrigens auch angesichts anderer Zahlen fraglich: Es gibt weniger Ledige als in der Gesamtbevölkerung, und deutlicher als dort ist bei Bundeswehrangehörigen die »Normalfamilie«, in der Ehepartner und Kinder in einem Haushalt leben, die häufigste Familiensituation (VDPF, 20, 26). Natürlich gibt es Trennungen, auch aufgrund beruflicher Belastungen und Abwesenheiten; unter den berufsbezogenen Gründen für erfolgte Trennungen werden in VDPF, 57 am häufigsten genannt: zeitlicher Aufwand des Dienstes (32 %), Entfernung zur Familie (31 %), Auslandseinsätze (18 %), Mangel an

Zweifelhafte ›militaristische‹ Tendenzen werden allerdings durch konkretere und besorgniserregendere Entwicklungen innerhalb der Truppe eher begünstigt als durch die Umstände der Partnerwahl. So gibt es vereinzelt Ansätze militaristischer Wertesysteme, die der demokratischen Tradition der Bundeswehr die subkulturelle Pflege anderer Traditionslinien entgegenstellen und so eine geistige Selbstabgrenzung einzelner Soldatengruppen von der Zivilgesellschaft befördern, der die Bundeswehr ihrem Verfassungsauftrag gemäß eigentlich dienen soll. Darauf ist unten näher einzugehen.

AFGR zeigt jedoch, dass ein weiterer Faktor, der z.B. in den US-Streitkräften spätestens seit Vietnam die Herausbildung isolierter militärischer Mikrogesellschaften unterstützt hat, für die Bundeswehr (noch) wenig relevant zu sein scheint, nämlich verstörende Einsatzerlebnisse und Traumata bzw. Posttraumatische Belastungsstörungen (PTBS): Trotz einer zu-

Freizeit/Zeit für die Familie (17 %). Doch gibt es bei den Fragen zu Trennungen und Partnerfindung einige Unklarheiten (vgl. VDPF, 49; hohen Trennungsquoten stehen offenbar auch schnelle Partnerwechsel gegenüber), zudem relativiert das Alter der Befragten die Aussagekraft einiger Antworten (VDPF, 53 ff.). Und selbst vor dem Einsatzhintergrund werden dienstliche Belastungen und Abwesenheiten nicht eindeutig negativ beurteilt: Gemäß AFGR, 7–9 und 43–63 nennen zwar 25 % der Befragten negative Folgen des Einsatzes für ihre Partnerschaft, doch 22 % sehen auch positive Folgen, und 53 % haben »keine Veränderungen festgestellt«. Dass äußere Umstände wie längere Abwesenheiten zur Feuerprobe einer Beziehung werden können, gilt nicht nur für die Auslandseinsätze der Bundeswehr. Tatsächlich meinen 39 % der befragten Soldatinnen und Soldaten, ihre Partnerschaft sei »durch den Einsatz gefestigt worden«. »Dahinter steht oft auch eine höhere Wertschätzung des Familienlebens nach dem Einsatz. 73 % der Befragten geben an, dass ihnen die Zeit mit der Familie […] wichtiger geworden ist« (AFGR, 8). 68 % würden sich sogar wieder für einen Auslandseinsatz melden, obwohl sie die Trennung von der Familie als problematisch ansehen (AFGR, 50). Zudem erleben viele Soldatinnen und Soldaten die partnerschaftliche Bindung in der Phase nach der Rückkehr aus dem Einsatz nicht als problematisch, sondern als hilfreich in der Verarbeitung psychischer wie physischer Probleme (AFGR, 36). In jedem Fall wird es entscheidend sein, Paarbeziehungen in der Bewältigung von Einsatzfolgen zu unterstützen (dazu AFGR, 62). Insgesamt aber hat »entgegen der Annahme die Anzahl der Auslandseinsätze […] keine statistisch relevanten Auswirkungen auf die Trennungsquote« (AFGR, 62 mit indirektem Bezug u.a. auf den Jahresbericht 2012 des Wehrbeauftragten, vgl. AFGR, 17 f.). Das Eingehen neuer Partnerschaften und Ehen nimmt sogar zu: Die ›Bindungsquote‹ liegt in den in AFGR betrachteten zwei Jahren nach dem Einsatz bei 41 % und übersteigt somit die »Trennungsquote um das Doppelte« (AFGR, 56).

nehmenden Zahl von einsatzerfahrenen Soldatinnen und Soldaten (Veteranen) in der Bundeswehr ist die Zahl derer, die sich aufgrund ihrer Einsatzerlebnisse nur noch von Kameraden und Kameradinnen verstanden fühlen, vergleichsweise gering.[61] Gemäß AFGR, 41 f. finden nach dem Einsatz lediglich 6 Prozent »Freundschaft nur noch mit Kameraden«, während sich 10 Prozent »mehr von privatem Umfeld zurückgezogen« haben (s.a. VDPF, 48–50)[62]. AFGR kommt zum Schluss, dass die große Mehrzahl der befragten Soldatinnen und Soldaten spätestens einige Zeit nach der Rückkehr aus dem Einsatz »in der eigenen Wahrnehmung [...] mit den Belastungen des Einsatzes überwiegend gut zurecht« kommt (AFGR, 5).

3. Solchen Fragen sollte weiter nachgegangen werden. In unserem Kontext reichen die wenigen Bemerkungen aus, um deutlich zu machen, dass die Förderung der Vereinbarkeit von Familie und Dienst nicht nur der Zufriedenheit der Soldatinnen und Soldaten – und der Personalwerbung – dient, sondern auch ihrer gesellschaftlichen Einbindung und dem demokratischen Ethos und zivilgesellschaftlichen Geist, die die Tradition der Bundeswehr mitbestimmen. Die »Vereinbarkeit von Familie und Dienst« ist deshalb zurecht explizit in die »Gestaltungsfelder der Inneren Führung« aufgenommen

---

[61] Die Situation von Vietnamveteranen in den USA und die Wechselwirkungen zwischen PTBS und sozialer Entfremdung bzw. Entfremdungsgefühlen hat Shay (1994) eindrücklich dargestellt.

[62] Es kommt der Bundeswehr allerdings zugute, dass noch immer vergleichsweise wenige Soldatinnen und Soldaten intensivere Gefechtserfahrungen machen mussten, womit sie psychisch besonders belastet werden. Unter solchen Veteranen werden die Rückmeldungen kritischer: Sie beklagen fehlendes Verständnis des Umfelds, 26 % fällt es schwer, überhaupt über Erlebtes zu reden, 44 % von ihnen tun dies nicht mit Partner oder Familie, 42 % nur im Kameradenkreis (AFGR, 63 ff.). Hier scheinen auch Trennungen häufiger zu sein (allerdings handelt es sich oft um jüngere Soldaten, die sich ohnehin schneller trennen); zugleich wirken sich dabei psychische Probleme aus. Insgesamt nennen 13 % der Befragten eigene psychische Probleme infolge des Einsatzes als Grund für eine Trennung (AFGR, 60). Schließlich drückt sich auch in der Bundeswehr der Ernst psychischer Einsatzfolgen in der zuletzt gestiegenen Zahl von Patientinnen und Patienten mit Posttraumatischen Belastungsstörungen aus: 2014 wurden 431 Fälle registriert (Alt- und Neuerkrankungen), zudem 214 Fälle weiterer psychischer Erkrankungen (Zahlen auf www.bundeswehr.de in der Rubrik »Einsätze«).

worden (ZDv 10/1, 2008, Ziff. 664–669). Allerdings weist IFIZ, 76 darauf hin, dass dieser Zusammenhang der Truppe noch weitgehend unbewusst ist und stärker sichtbar gemacht werden muss.

Aus diesem Blickwinkel erhalten auch die im Rahmen der Attraktivitätsagenda eingeleiteten Maßnahmen sowie die in VDPF und AFGR geäußerten Wünsche eine zusätzliche Dimension. In deren Zentrum steht immer wieder die Förderung des *Daseins* der Soldatinnen und Soldaten bei ihren Familien.

Der Begriff »Dasein« soll hier zunächst die in den Studien aufgezeigten Kernprobleme abdecken. Er umfasst die Kategorien Raum und Zeit, die Soldatinnen und Soldaten im Blick auf ihr Familienleben als problematisch definieren (vgl. z.B. VDPF, 87; AFGR, 73) und die sich in verschiedenen Zentralthemen niederschlagen, z.B. Überstunden, flexible Arbeitszeiten, Dienstreisen, Einsätze, Freizeit, Mobilität, Pendeln. Verbesserungen der Bedingungen des Dienstes sollten aber nicht nur das verlangte Dasein der Soldatinnen und Soldaten bei ihren Familien garantieren, sondern auch ein Dasein der Soldatinnen und Soldaten und ihrer Familien vor Ort, d.h. in der Zivilgesellschaft des Dienstortes oder seiner näheren Umgebung. Auf diese Weise wäre der für die Bundeswehr so wesentliche Austausch zwischen Streitkräften und Gesellschaft am nachhaltigsten zu befördern.

Dazu bieten die vielfältigen gesellschaftlichen Kontakte von Familien eine bedeutende Chance. Empfehlungen, die nur den Austausch zwischen Soldatenfamilien im Auge haben, sind daher zwar verständlich, aber nicht ausreichend (vgl. VDPF, 87). Das sieht auch VDPF. In der Analyse der negativen Belastungen des Soldatenberufs für das Familienleben und deren Auswirkungen »auf den Umfang an sozialen Kontakten und Freizeitaktivitäten« (VDPF, 49[63]) verdeutlichen die Autoren, dass Freizeit, kulturelles, sportliches und anderes Engagement, z.B. in Vereinen, dem gesellschaftlichen

---

[63] Denn die wichtigste Strategie von Soldatinnen und Soldaten im Umgang mit Belastungen besteht im Verzicht auf Freizeitaktivitäten (VDPF, 62; AFGR, 89 ff. bestätigt diese Erkenntnis).

Austausch der Soldatinnen und Soldaten dient, und schließen: »Starke Einschränkungen in diesem Bereich mindern die unverzichtbare Integration der Soldatinnen und Soldaten in die zivile Gesellschaft« (VDPF, 87[64]).

Soldaten und Soldatinnen und ihre Familien brauchen mehr als bundeswehrinterne Angebote (z.B. bundeswehreigene Kitas). Die Familienförderung der Bundeswehr sollte auch Beziehungen außerhalb des Militärs unterstützen und Soldatenfamilien Raum dafür geben, solche Kontakte in der Zivilgesellschaft zu knüpfen und zu pflegen. Dann können sie sich tatsächlich ›vor Ort‹ integrieren und ›da sein‹. So erhält der Begriff »Dasein« auch ein wenig von der philosophischen Bedeutung, die er in der Existenzphilosophie des 20. Jahrhunderts (M. Heidegger, K. Jaspers) bekommen hat: als bewusste Existenz, in der sich der Mensch zu sich und anderen verhält, in gesellschaftliche Strukturen eingebunden ist, sein Leben gestaltet, Erfüllung und Sinn erfährt.

---

[64] Dort auch zu weiteren Details zu von der Bundeswehr bereits angebotenen Maßnahmen, Wünschen der Soldatinnen und Soldaten und Empfehlungen der Autorinnen und Autoren von VDPF.

10 Sonderstellung des Soldatenberufs und Innere Führung

Die Gefahr, dass der besondere Charakter des Soldatenberufs in eine gesellschaftliche Sonderrolle oder militaristische Subkultur mündet, ist in der Bundeswehr gebannt, wenn sie an ihren Grundwerten festhält. Das wurde bereits festgestellt, ist aber jetzt ein wenig ausführlicher darzustellen: Innere Führung und das Leitbild vom »Staatsbürger in Uniform« garantieren eine gesellschaftliche Integration der Bundeswehr gerade in den sui generis-Ansprüchen des Soldatenberufs, weil sie diesen Ansprüchen gesellschaftliche, politische und moralische Rahmenbedingungen geben, in die das soldatische Handeln mit all seinen Herausforderungen hineingestellt wird. Diese Bedingungen stellen die besondere Eigentradition der Bundeswehr als Parlamentsarmee dar, die dem Primat der Politik verpflichtet ist, unter dem Grundgesetz steht und damit ihr ethisches Gerüst aus allgemeinen Grundwerten gewinnt, die allem politischen Handeln Letztziele vorgeben (etwa Freiheit und Frieden).

Die Grundwerte werden durch den Gedanken der Menschenwürde und die sie explizierenden Menschenrechte bestimmt. Es handelt sich um das humanistische oder Menschenrechtsethos (= MRE), zu dem sich das Grundgesetz bekennt (Art. 1 GG u. ff.; vgl. ZDv 10/1, Ziff. 104 f.). Seine geistesgeschichtlichen Wurzeln hat das MRE schon in der antiken (z.B. stoischen) Philosophie, dann in der Naturrechtslehre einerseits der Scholastik, andererseits der Aufklärung (wo es in das politische Idealbild moderner Staatswesen einfließt, z.B. in der Gründung der USA), später in der Soziallehre der christlichen Kirchen sowie schließlich in der UN-Menschenrechtscharta von 1948[65]. In der Verankerung des MRE im Grundgesetz der Bundesrepublik (und in den Verfassungen und Gesetzen anderer Staaten) sind philosophisch-theologische Erwägungen zur Sonderstellung (›Würde‹) des Men-

---

[65] Zu den Einflüssen der religiösen Quellen auf das Grundgesetz vgl. etwa Stein 2009.

schen, aufgrund derer jede Person Respekt verdient[66], zur juridischen Leitnorm geworden, die auch die Bundeswehr und ihre Einsätze bestimmt.

Wertekontext der Inneren Führung

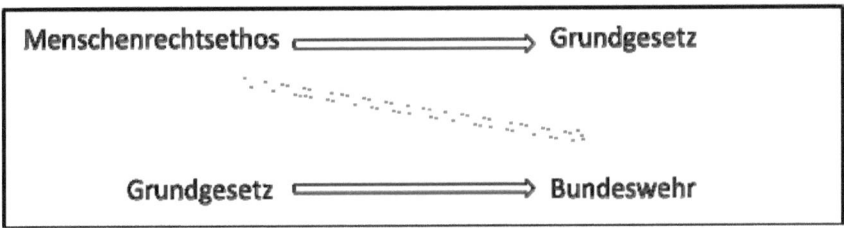

So besteht eine strukturelle Wechselbeziehung zwischen Bundeswehr und Gesellschaft, die allen Separationstendenzen von innen her eine Absage erteilt, da Binnenkultur und inneres Gefüge dieser Armee selbst von Offenheit geprägt sind. Ihre Gründerväter (u.a. um Wolf Graf von Baudissin) haben die Bundeswehr auch von ›außen‹ her und auf ›außen‹ hin gestaltet und der Struktur, dem geistigen Fundament sowie der Führungsphilosophie dieser Armee eine Art ›Transzendenzcharakter‹ gegeben, der ihr eine besondere ethische Legitimation sowie Verantwortung gibt: Die Streitkräfte übersteigen (›transzendieren‹) sich selbst bzw. sind über sich selbst hinaus verwiesen auf die deutsche Zivilgesellschaft, das Grundgesetz und seinen Geist und damit letztlich auf die universalen Grundwerte des MRE. Zu diesen Werten hat jeder Soldat – als Mensch – Zugang.

Zwar sind Soldatinnen und Soldaten mit dem besonderen Profil ihres Berufs und den sui generis-Ansprüchen ihres Gewerbes konfrontiert und benötigen technische Fähigkeiten auch jenseits eines ethischen Grundverständnisses – all dies hebt aber nicht ihre Menschlichkeit auf. Als Mensch ist man Soldat oder Soldatin, und Menschsein verpflichtet zu Menschlichkeit[67].

---

[66] Philosophisch wird die besondere Stellung des Menschen mit seinem Geistwesen (*animal rationale*) begründet, christtheologisch in der Gottebenbildlichkeit (vgl. Gen 1,26 f.) und dem gemeinsamen Geschaffen- und Erlöstsein durch den Vatergott.

[67] Vgl. dazu Baudissin 2006 (sowie zu Baudissin Dörfler-Dierken 2005).

In der Bundeswehr wird dieser Aspekt auf besondere Weise dadurch unterstrichen, dass der Gesetzgeber den Soldatinnen und Soldaten trotz ihrer Einbindung in eine hierarchische Struktur, die mit der Einschränkung einiger Grundrechte einhergeht (Art. 17a GG) *wesentliche Grundfreiheiten lässt* (die Grundrechte also nur soweit als nötig beschränkt). Soldatinnen und Soldaten sind nicht nur den Befehlen Vorgesetzter verpflichtet, sondern auch ihrem eigenen Gewissen, in dem sie ihren Auftrag einer ethischen Prüfung unterziehen[68]. Die Innere Führung hält diese komplexe Struktur konzeptioneller Offenheit, mit der die Bundeswehr in die allgemeine Wertegemeinschaft des guten Menschseins (›Humanismus‹ im klassischen Sinn des Begriffs) eingebunden ist, unter anderem durch steten gesellschaftlichen Austausch lebendig.

Neben den bekannten Instrumenten der politisch-ethisch-historischen Bildung der Soldatinnen und Soldaten kommt dabei, wie angedeutet, indirekten Mitteln der gesellschaftlichen Integration besondere Bedeutung zu, z.B. der Unterstützung von Familien und einer erhöhten Aufmerksamkeit für die sozialen Verhältnisse der Soldatinnen und Soldaten. Dass zudem die FWDL nach der Aussetzung der Wehrpflicht eine Personengruppe darstellen, die besonderer Träger des Austauschs zwischen Bundeswehr und Gesellschaft ist, wurde ebenfalls dargelegt.

---

[68] Soldatinnen und Soldaten, insbesondere militärische Führer/-innen, sind zur Selbstverantwortlichkeit aufgerufen, in der sie Auftrag und Befehl in einem kritischen Geist begleiten. Organ der moralischen Reflexion ist das Gewissen (vgl. etwa ZDv 10/1, Ziff. 105; der Gedanke motiviert z.B. die Gewissensbildung in den Ethikunterrichten der Militärseelsorger; ihr Ziel sind moralisch gereifte Persönlichkeiten). Das Gewissen wurde in der Scholastik *synderesis* genannt bzw. lat. *conscientia*, womit bereits etymologisch der Aspekt des ›begleitenden‹, prüfenden »Mit-Wissens« angezeigt ist: Moralisches Wissen wird Teil des Entscheidungs- und Handlungsakts, in der das Individuum sein im engeren Sinn fachliches Wissen zur Anwendung in einer bestimmten Situation bringt und gegebenenfalls einer ethischen Güterabwägung unterzieht.

11 »Armee im Aufbruch« – aber wohin: ›Generation Einsatz‹ statt ›Innere Führung‹?

Dass die geistige Formung gerade jüngerer Soldatinnen und Soldaten mit kürzerer Dienstzeit eine stets aktuelle und immer wieder neu zu gestaltende Aufgabe bleibt, belegt IFIZ. Obgleich die Innere Führung bei einem großen Teil älterer Soldaten und höherer Dienstgradgruppen (insbesondere der Stabsoffiziere) auch in ihrer gesellschaftlich-politischen Dimension gut angesehen ist (77–83 % haben eine positive Einstellung zur Inneren Führung), ist die Einstellung bei etwa 50 Prozent der Mannschaften und Unteroffiziere o.P. ambivalent. Viele können sich offenbar deshalb in ihrem Urteil nicht festlegen, weil sie die Innere Führung nicht wirklich kennen bzw. sie nur mit gelingender Kameradschaft und einem guten Umgangston gleichsetzen (IFIZ, 12, 26 f., 29–31).

Die Notwendigkeit nachhaltiger Bildung im Geist der Inneren Führung wird anekdotisch auch von der jüngsten Debatte um die »Werte der Bundeswehr« belegt, die in den Medien einige Aufmerksamkeit erhalten hat. Angestoßen wurde sie durch die Publikation des Sammelbandes »Armee im Aufbruch. Zur Gedankenwelt junger Offiziere in den Kampftruppen der Bundeswehr« (Bohnert/Reitstetter 2014), in dem studierende Offiziere der Helmut-Schmidt-Universität/Universität der Bundeswehr Hamburg Gelegenheit erhielten, ihre Gedanken zu Bundeswehr, Soldatsein, Werten und Tradition darzulegen. Aufgenommen und weitergeführt wurde die Debatte in einer Reihe der Zeitschrift Loyal (Nr. 1–3/2015). Sie konzentrierte sich bald auf jene Beiträge, die explizite Kritik an den demokratischen Rahmenstrukturen der Bundeswehr üben, Zweifel an der Zeitgemäßheit der Inneren Führung vor dem Hintergrund der »brutalen« Einsatzrealität äußern und den Wunsch nach einer »Rückbesinnung auf zeitlose soldatische Tugenden« sowie nach einer Weiterung der üblichen Traditionslinien der Bundeswehr (preußische Reformer, militärischer Widerstand gegen das NS-Regime, bundeswehreigene Tradition um Innere Führung und Staatsbürger in Uniform) bekunden. Den jungen Autoren schwebt eine ›mentale Reinigung‹ des Offizierkorps von aller ›Politisierung‹ und ›ungesunden Vergesellschaftung‹ vor. Armee und Gesellschaft werden geradezu zu Gegenpolen, indem eine Kluft zwischen ›tugendhaft-elitärer‹ Armee und ›hedonistischer Konsumgesellschaft‹ konstruiert wird. Zwar handelt es sich dabei nur um wenige Kapitel, in denen das Buch vor allem »Dokument der Verunsicherung, Enttäuschung und Abgrenzung« ist; doch die erschreckende »Demokratieferne« dieser Texte färbt auf andere Beiträge ab, die somit nur mehr als »naive Kissen« erscheinen können, »zwischen die fragwürdige Argumente gebettet wurden«[69].

Es ist allerdings auch in dieser Debatte geboten, auf beiden Seiten das rechte Maß zu wahren. Dazu einige Bemerkungen im Kontext unseres Themas:

1. Zunächst zum Anlass: Die Publikation des Sammelbandes war explizit als »Gesprächsangebot« gedacht und sollte auch als nicht mehr gesehen werden. Das heißt durchaus, dass »vor allem ältere Offiziere [...] dieses Gesprächsangebot ihrer jüngeren Kameraden und Kameradinnen wahrnehmen« sollten (U. Hartmann[70]). Die Annahme des Gesprächsangebots und Austausch über die vorgetragenen Gedanken heißt aber keineswegs (wie es einige Unterstützer scheinen ließen), dass den Äußerungen der Autoren per se Autorität, Wahrheit oder innovative Originalität zukäme, und dass sie deshalb zu übernehmen wären. Dass sich hier Offiziere äußern, ist weniger bedenkenswert als bedenklich.

Die Klagen einiger Autoren des Sammelbandes über Gesellschaft und Bundeswehr, das voreilige Verschanzen hinter einem zuweilen kruden Elitebewusstsein und das Unverständnis für die demokratische Tradition der Bundeswehr und die Innere Führung sollten denn auch als dringender Appell an

---

[69] Die Zitate stammen aus Rezensionen von G. Wagner (FAZ vom 25.2.2015) und I. Wiesner (Zur Sache Bw, 1/2015). Vgl. inzwischen auch die Beiträge zum Thema in if – Zeitschrift für Innere Führung, 2/2015.

[70] Aus den dem Sammelband vorangestellten »Stimmen« wird hier nach der Webseite zum Buch zitiert: www.armee-im-aufbruch.de/Stimmen.

die Älteren gesehen werden, weitere Formungs- und Erziehungsarbeit zu leisten. Offenbar benötigt auch der Offiziernachwuchs verstärkt ethisch-politisch-historische Bildung, (noch) bessere und mehr Vorbilder gelingender Führung aus der Wertschätzung von Grundgesetz und Menschenrechtsethos und eine nachdrückliche, Verständnis bewirkende Vermittlung der Grundsätze der Inneren Führung. Das Buch liefert keine Argumente, die die originäre Führungsphilosophie der Bundeswehr in Frage stellen würden; es untermauert vielmehr (unfreiwillig) die Notwendigkeit, die Innere Führung mit noch mehr Leben zu füllen, und unterstreicht damit entsprechende Mahnungen in IFIZ (28 f., 74 f.)[71].

Diesseits von extremistischen politischen Tendenzen sind einige Beiträge schlicht Dokumente eines nicht abgeschlossenen Reifeprozesses ihrer Autoren als Mensch und Offizier; ihnen mangelt es sowohl an eigenständiger Reflexion als auch an Lebenserfahrung[72]. Auch Truppen- und Einsatzerfahrung sind in den meisten Fällen bescheiden (die Autoren beklagen das selbst und schreiben es der neuen Offiziersausbildung zu). Insofern ist es irreführend, den Band als authentische Zur-Wort-Meldung der »Generation Einsatz« zu verstehen (nur zwei Autoren waren tatsächlich im Einsatz). Allerdings handelt es sich sehr wohl um Stimmen von Offizieren, die in Zukunft der neuen Generation einsatzgeforderter Bundeswehrsoldatinnen und -soldaten angehören, sie führen und vielleicht ihr Ethos mitprägen werden.

2. Inhaltlich greift die Debatte Befindlichkeiten auf, die weitere Kreise innerhalb der Bundeswehr betreffen. Sie verdient daher durchaus die Aufmerksamkeit, die sie bekommen hat. Freilich hat die zum Teil äußerst schar-

---

[71] Die Tatsache, dass viele Soldatinnen und Soldaten selbst diese Notwendigkeit offenbar kaum erkennen, spricht dem nicht entgegen: Laut IFIZ, 61 zählen ›nur‹ 49 % bzw. 53 % der Befragten die Verbesserung der Menschenführung bzw. die Stärkung des soldatischen Ethos zum dringenden Handlungsbedarf für die Streitkräfte (weit wichtiger sind den meisten Soldatinnen und Soldaten die o.g. Handlungsfelder Familienfreundlichkeit und Planungssicherheit mit 84 % bzw. 91 %).

[72] Das ist den Autoren durchaus bewusst. Herausgeber M. Bohnert stellt sogar in Aussicht, in einigen Jahren auf die jetzt formulierten Gedanken zurückzublicken (S. 18).

fe Kritik der Öffentlichkeit sowie führender Offiziere – meist explizit aus dem Geist der Inneren Führung – sachlich die meisten Entgleisungen zurechtgerückt. Dass einige Sorgen und Anliegen der jungen Autoren eine gewisse Berechtigung haben mögen, ist damit nicht verkannt worden. Sie bedürfen aber der rechten Einordnung. Hier seien nur wenige, im Kontext unserer Überlegungen entscheidende Punkte unterstrichen.

Natürlich haben klassische soldatische Tugenden wie Disziplin, Ehre, Dienst- und Pflichtbewusstsein, Gehorsam, Treue (zu Vaterland, Kameraden, Auftrag), Kameradschaft, Selbstlosigkeit, Opferbereitschaft[73], aber auch strategisches Geschick, taktisches Können sowie Tapferkeit im Kampf (Mut, ›Heldentum‹) auch in der Bundeswehr ihren Wert. Die Wertschätzung der Tapferkeit zeigt sich etwa darin, dass sie inzwischen wieder explizit auszeichnungswürdig ist (Ehrenkreuz der Bundeswehr für Tapferkeit, 2008). Vielleicht lassen sich im Blick auf diese Werte auch ungewohnte Traditionslinien und historische Vorbilder erschließen, ohne dass dadurch die demokratische und antitotalitäre Kerntradition der Bundeswehr in Frage gestellt würde (hier hat die bundeswehreigene Militärgeschichtswissenschaft große Aufgabenfelder). Aus militärsoziologischer Sicht scheint es freilich auch notwendig, der tatsächlichen Traditionsbildung innerhalb der Truppe eingehender nachzuforschen, um sicherzustellen, dass keine unpassenden Subkulturen Einfluss gewinnen. Ein solches Forschungsdesiderat hat K.-U. Hellmann in seiner Reaktion auf die Veröffentlichung von »Armee im Aufbruch« benannt[74].

---

[73] Dazu bekennen sich die Autoren des Buches durchaus; der Begriff erscheint hier gerade nicht als das Problem, als das er – wie gesehen – in der Personalwerbung oft wahrgenommen wird. Die Autoren teilen die Einstellung, dass der Soldatenberuf *Berufung* ist (vgl. explizit S. 218); zu oft sind aber Geist und Inhalt dieser Berufung problematisch.

[74] »Der Forschungsstand bezüglich organisationaler Subkulturen der Kampftruppen innerhalb der Bundeswehr ist, soweit öffentlich zugänglich, völlig ungenügend. Dabei ist eine gründliche sozialwissenschaftliche Erforschung der ›Generation Einsatz‹ und speziell jener, die hierbei besondere Risiken eingehen, dringend geboten« (zit. in den »Stimmen«, a.a.O.).

Die genannten Tugenden und Werte prägen traditionell den ›Korpsgeist‹ einer Armee. Selbst im demokratischen Kontext der Bundeswehr mag man an diesem Begriff festhalten können, sofern er keine blinde Selbstinstrumentalisierung und Selbstabgrenzung der Streitkräfte von der Gesellschaft beinhaltet. (Heute verwendet man eher den marktwirtschaftlichen Begriff »Corporate Identity« – vielleicht tut sich hier ein weiterer ›Spagat‹ in der Bundeswehr auf: zwischen Korpsgeist und Corporate Identity). Dass die Sache selbst wichtig ist für Identifikation, Sinnempfinden und Zufriedenheit der Soldatinnen und Soldaten, steht außer Frage. Entscheidend ist aber, welcher Geist in der Armee weht bzw. in welchem Geist die klassischen soldatischen Tugenden gelebt werden.

Die Innere Führung und ihr ethisch-politischer Wertehorizont prägen diesen Geist in der Bundeswehr[75]. Dadurch, dass jeder Soldat auch seinem Gewissen verantwortlich und Grundgesetz und Menschenrechtsethos verpflichtet ist, wird sichergestellt, dass die soldatischen Tugenden einen tieferen Bezug haben und nicht zum veräußerlichten Selbstzweck erstarren. Ein Beispiel: Treue schulden deutsche Soldatinnen und Soldaten nicht nur der Truppe bzw. ihrer Einheit (diese Form der Loyalität wird heute z.B. mit dem Motto der US-Marines, »semper fidelis«, in Verbindung gebracht), dem Dienstgeber oder der Regierung, sondern der im Grundgesetz benannten Sache von Freiheit und Frieden, Demokratie und Menschenwürde, also einer ethisch-politischen Realität[76] und den damit verbundenen Werten der Bundesrepublik.

---

[75] Der Indikativ hat normative Implikation.

[76] Der Begriff »Idee« wäre hier zu schwach.

12   Skizze militärisch-menschlicher Tugendlehre

1. Die aktuellen Studien des ZMSBw und aktuelle Debatten gaben Anlass, in Erinnerung zu rufen, dass die Innere Führung sowohl Leitlinien und Gestaltungsfelder der Menschenführung (also konkrete Anweisungen für den Binnenraum Bundeswehr) als auch politisch-gesellschaftliche Prinzipien und ein ethisches Gerüst umfasst, dem über den Begriff der Menschenwürde und das Menschenrechtsethos (MRE) das humanistische Menschenbild zugrunde liegt. Dieses hat von der griechischen Philosophie über christliche Lebensentwürfe bis heute seine vorzügliche Einlösung in der Tugendethik erfahren. Damit werden die in der aktuellen Wertediskussion hervorgehobenen Tugenden einerseits validiert, andererseits aber auch relativiert.

Denn es handelt sich dabei – das scheint den Verfechtern der ›zeitlosen soldatischen Tugenden‹ oft nicht klar genug zu sein – vor allem um sogenannte sekundäre Tugenden, die nicht von den primären Tugenden zu trennen sind, denen jeder Soldat und jede Soldatin – als Mensch – auch verpflichtet ist. Hier besteht eine Rangordnung und Güterhierarchie. Wert (Tugendcharakter) haben die sekundären Tugenden vor allem als Instrumente im Dienst (1.) der primären Tugenden sowie (2.) des zugrunde liegenden Menschenbildes. Letztlich ist die Versuchung, eine soldatische Partikularmoral zu begründen, vor allem von diesem Gedanken her verfehlt[77]. Zugleich bleibt gewährleistet, dass der Einzelne (der einzelne Soldat) in ein pyramidales System von Werten, Gütern und Pflichten eingebunden ist, dessen Ebenen durchaus vielfältig geprägt sein können, z.B. von: – persönlicher Einstellung und individuellem Charakter, – der Identität und den sozialen Normen bestimmter Gruppen (z.B. dem ›Geist‹ der Truppe oder einer speziellen Einheit), – der beruflich-gesellschaftlichen Rolle (Soldatsein),

---

[77] Ähnliche Probleme bestehen im Blick auf die Verhaltenscodes (»code of conduct«) und Listen von »core values« z.B. der amerikanischen und britischen Streitkräfte (s.u.). – NB: Auch in zivilen Bereichen konzentrieren sich manche ›Berufsethiken‹ auf Vorgaben mit Sekundärtugendcharakter, ohne die Verankerung in einem größeren Ethos genügend zu vertiefen.

– weiteren sozialen, politischen, religiösen Normen und Traditionen. Entscheidend ist aber, dass diese Ebenen (1.) miteinander kompatibel sind und dass das ganze Wertegefüge (2.) auf einem intersubjektiv tragfähigen Sockel fußt, der ein objektiv begründetes primäres Gut darstellt und die anderen Ebenen durchwirkt. Gegeben ist dieser durch das Menschenrechtsethos[78]: in der Bundeswehr ist der Einzelne Soldat, Bürger und Mensch, wobei das Soldatsein wesentlich durch das Bürger- und Menschsein mitgeprägt wird (der »Staatsbürger in Uniform« ist auch ›Mensch in Uniform‹). Die Bundeswehrphilosophie der Inneren Führung bekräftigt vor dem Hintergrund der deutschen Geschichte des 20. Jahrhunderts, dass soldatische Tugenden an ein allgemeinmenschliches, universales Ethos rückgebunden sind.

Klassisch werden die primären Tugenden vor allem mit den antiken Kardinaltugenden Gerechtigkeit, Weisheit, Tapferkeit und Mäßigung identifiziert, die schon Platons philosophische Anthropologie ethisch vollenden: In ihnen perfektioniert der Mensch sein Geistwesen und findet darin (›menschliche‹) Erfüllung und Glück bzw. Zufriedenheit[79]. Das christlich-humanistische Menschenbild und MRE bieten den ethischen Rahmen solcher Erfüllung. Es wurde bereits gezeigt, dass mit dem MRE auch das Grundgesetz den Zentralgedanken der Menschenwürde in Rechte und Pflichten übersetzt und damit Handlungsanweisungen erlässt, die den Einzelnen – Staatsbürger wie Soldaten – moralisch und rechtlich binden. Die Grundrechte bieten allen Menschen (passiv) einen Schutzraum, dem Bürger und Organe der Bundesrepublik (aktiv) verpflichtet werden.

---

[78] In der Rechtsphilosophie setzen sich diese Ebenen ins Transzendente fort, wenn – wie etwa im christlich-scholastischen Naturrechtsgedanken – das positive, durch Menschen gemachte Recht (*lex humana*) auf ein Naturrecht (*lex naturalis*) bezogen wird und dieses als im göttlichen Recht bzw. der göttlichen Vernunftordnung des Kosmos (*lex aeterna* sowie *lex divina*) gründend verstanden wird. Diesen letzten Schritt wird freilich nur der Glaubende tun, während Naturrecht und natürliche Sittenordnung – so die Überzeugung dieses Ansatzes – auch Nicht- oder Andersgläubigen zugänglich sind.

[79] Und zwar in den verschiedenen Bereichen seines Personseins. Platon bringt das in seiner dreiteiligen Seelenlehre zum Ausdruck (*Politeia*, Buch IV). Eine klassische Analyse der Lehre von den Kardinaltugenden in Antike, Mittelalter und Gegenwart bietet Pieper 1998.

Nun gehören Tugendlehre und MRE nicht einfach den eingangs unterschiedenen Bereichen der Selbst- und Fremdethik an, sondern sie stehen genau darin in engem Zusammenhang, dass beiden die Auffassung von der besonderen Würde des Menschen zugrunde liegt. Die Ein- und Ausübung von Tugenden entfaltet diese Würde selbstethisch – in ihnen vervollkommnet sich der Mensch. Zugleich verhält er sich aber auch respektvoll gegen andere, wenn er Tugenden praktiziert (›tugendhaft‹ ist). So hat schon das menschliche Wesen selbst den oben skizzierten ›Transzendenzcharakter‹ der Selbstübersteigung, des Dialogs zwischen ›Innen‹ und ›Außen‹ und des natürlichen Verweises des Ichs auf den Anderen[80]: Menschliche Selbstverwirklichung erreicht der Einzelne in der Hinwendung zu anderen. Der Mensch ist auch ›soziales Wesen‹ (*animal sociale*), und so ist das ›gute Leben‹ – als Ziel aller Ethik – Resultat des Zusammenspiels von Selbsterkenntnis, Selbsterfüllung, Selbstvervollkommnung und dem Gutsein gegen andere.[81]

2. Die Führungskultur der Bundeswehr hat wegweisende philosophische Bedeutung darin, dass sie beispielhaft vor Augen führt, wie Tugendethik

---

[80] Dass das menschliche Wesen auch auf religiöse bzw. metaphysische Transzendenz verwiesen ist, kann hier nur angedeutet werden. Ähnlich sind verwandte Ansätze der Gegenwartsphilosophie (z.B. E. Lévinas ›Philosophie des Anderen‹ oder M. Bubers Dialogphilosophie) sowohl ethisch wie theologisch fruchtbar gemacht worden.

[81] Ein Zusammenspiel von Innen und Außen begründet auch den oben aufgezeigten ›Transzendenzcharakter‹ in der Führungsphilosophie der Bundeswehr. Zwar beschränken sich die Parallelen auf strukturelle Grundzüge. Dennoch steht die Bundeswehr damit über die geistesgeschichtlichen Bezüge der Inneren Führung in einer weiteren philosophischen Tradition. Ihr Organisationsgefüge nimmt einen Grundgedanken von Platons politischer Theorie auf, wonach die innere Struktur des Menschseins auf gesellschaftliche Strukturen ausstrahlt, in denen sich menschliches Dasein verwirklicht. Diese sind dann ›ideal‹, wenn sie jene spiegeln und ihr Entfaltungsraum geben. In der Politeia ist Platons philosophische Anthropologie Modell seiner politischen Theorie (die dreistufige Seelenlehre wird zu einer ›Drei-Klassen-Gesellschaft‹, in der verschiedene Begabungen ihren Platz finden und unter der Führung philosophischweiser Herrscher dem Gemeinwohl zuarbeiten). Die Bundeswehr hat als Organisation bzw. gesellschaftliche Institution formal ähnliche Züge, wenn ihre ›Transzendenzstruktur‹ die wesenhafte Ausrichtung des Menschen über sich selbst hinaus auf andere spiegelt.

umgesetzt werden kann. Das ist im Rahmen gegenwärtiger moralphiloso-phischer und moraltheologischer Fachdebatten umso bedeutender, als dort immer häufiger jene Theorien, die die ethische Qualität einer Handlung entweder nach ihren Folgen bzw. ihrem Zweck (Konsequentialismus) oder nach dem Pflichtcharakter der Handlung selbst (Deontologie) oder nach den durch die Handlung berührten Rechte (Rechteethik) beurteilen, als die ›drei Hauptansätze‹ angesehen werden, während es zugleich Bestrebungen gibt, diesen einen ›integrativen Ansatz‹ gegenüberzustellen (z.B. Foster-Gilbert 2015). Dass es mit der klassischen Tugendethik einen solch integra-tiven Ansatz längst gibt, wird dabei gern übersehen. Schließlich geht es dort darum, aus *Pflicht* (die sich aus dem humanistischen Menschenbild ergibt) die Würde und *Rechte* anderer zu respektieren, und zwar zum *Zweck* des Gemeinwohls (d.i. das allgemein Gute). Hingearbeitet wird auf diesen Drei-klang im moralischen Gespür, Charakter und Motivationshorizont des Handelnden.

Die Tugendethik zeichnet sich durch eine stete moralische Bildung (›morali-sches Training‹, *praxis*) aus, die eine ethische Grundhaltung (*hexis*) formt und vor allem durch Vorbilder gestützt wird. Darin bestätigt sich im Umfeld der Ethik des Aristoteles metaphysischer Grundsatz, dass »Wirklichkeit vor Möglichkeit« kommt, da Moralität von bereits existierender, vorgelebter Moralität abhängt[82]. Diese Haltung ist von der jederzeit abrufbaren Zentral-tugend der *phronesis* geprägt, die stets weiterzuentwickeln ist. Es handelt sich dabei um eine praktische Weisheit, die in der moralisch relevanten Situation – auch ohne detaillierte Handlungsanweisungen – fähig ist, ethische Grund-prinzipien und das Wissen um Rechte und Pflichten auf die Situation anzu-wenden und in eine Handlung umzusetzen, die äußere Handlungsziele auf moralische Weise zu erreichen sucht. So ist die Handlung wesentlich von Menschlichkeit getragen.

Dass die Innere Führung der Bundeswehr und das Leitbild des Staatsbür-gers in Uniform eine praktische Einlösung der Tugendethik im Bereich der

---

[82] Das führt Aristoteles in der *Nikomachischen Ethik* aus; vgl. dazu Göbel 2007a.

militärischen Führerethik darstellen, dürfte offenkundig sein. Militärische Gewalt wird hier ausdrücklich in den Dienst des Friedenserhalts gestellt und dem Grundgesetz untergeordnet, und die Innere Führung fordert Menschlichkeit in einem demokratischen Kontext und »Handeln aus Einsicht« (ZDv 10/1, Ziff. 107; vgl. IFIZ, 8). Tugendethik darf niemals auf einen unreflektiert habitualisierten ›Kodex‹ moralischer Sekundärtugenden reduziert werden, sondern lebt von der gleichzeitigen Pflege intellektueller Tugenden und einer regen Aktivität des Geistes. Die Innere Führung fokussiert zudem auf die Rolle der Vorgesetzten und ihre Vorbildfunktion. Sie stellt die herausragende Einlösung eines militärischen Ethos dar, das die Machtposition des Führers (gegenüber Untergebenen, aber auch gegenüber Zivilisten und feindlichen Kombattanten) mit der Forderung nach Menschlichkeit verbindet bzw. mit einer inneren Freiheit, die auch im Rahmen militärischer Befehlsstrukturen und strategisch-taktischer Erfordernisse Menschlichkeit zulässt, weil sie übergeordnete, ethisch-geistige und politische Werte und Strukturen anerkennt.

Exkurs und Bestätigung: Hinweise zur aktuellen Entwicklung eines Ethikansatzes im britischen Heer

Einen unerwartet aktuellen Beleg der Beispielhaftigkeit jener Gedanken, die sich im deutschen Konzept der Inneren Führung und ihres Wertekontexts niedergeschlagen haben, liefern die gegenwärtigen (2015) Anstrengungen in der britischen Armee um eine Grundlegung und Verankerung ihres Moralkodexes in größeren ethischen Zusammenhängen[83]. Obgleich der britische Ansatz keinen Bezug auf die Führungsphilosophie der Bundeswehr nimmt, sind die Ähnlichkeiten unübersehbar und bieten heutigen Militärethikern die Chance, einem Prozess beizuwohnen, der einige Leitgedanken der Gründerväter der Bundeswehr spiegelt. Zugleich unterstreichen sie die Kraft einer soldatischen Ethik, die Tugendethik und Menschenrechtsethos zusammenbringt. In den konzeptionellen Ähnlichkeiten, aber auch in entscheidenden Unterschieden − vor allem im Blick auf die historisch-politischen und rechtlichen Rahmenbedingungen − bestätigen sich aus einer neuen Warte und im Kontext der Herausforderungen militärischer Operationen des 21. Jahrhunderts die Grundsätze des deutschen Modells der Inneren Führung[84].

---

[83] Gegenwärtig scheint es sich um Anstrengungen der Army allein zu handeln, nicht der britischen Streitkräfte insgesamt. Grundlage der folgenden Ausführungen ist ein persönliches Gespräch des Autors (C.G.) mit dem Verantwortlichen des britischen Heeres für Ethik, Rev. (Oberstleutnant) Dr. Dr. Philip J. McCormack, MBE am 3.7. 2015 in Bath (UK) sowie dessen Vortrag »Grounding British Army Values Upon an Ethical Good« (= McCormack 2015), der inhaltlich mit einem der Armeeführung« vorgelegten Konzeptionspapier übereinstimmt.

[84] Obgleich die Innere Führung zurecht als »Markenzeichen der Bundeswehr« und »Exportschlager« bezeichnet werden kann (Jung 2006), besteht international auch immer wieder Unklarheit z.B. im Blick auf das (militärische) Profil des »Staatsbürgers in Uniform«. Gerade britische Partner bestätigen das. Umso mehr böte es sich an, die gegenwärtigen Entwicklungen dort zum Anlass zu nehmen, Grundübereinstimmungen aufzuzeigen und so mögliche Vorbehalte abzubauen sowie die allgemeingültige Bedeutung der in Deutschland längst geleisteten Gedankenarbeit für ein funktionierendes militärisches Ethos in Erinnerung zu rufen.

Unmittelbarer Anlass der britischen Bemühungen um eine Verstärkung bzw. Fundierung der ethischen Ausbildung der Soldatinnen und Soldaten waren – ähnlich wie in den Streitkräften anderer Länder[85] – »moral lapses by a few soldiers in recent years« (McCormack 2015, 2), die mehrere Dinge verdeutlichten:

1. Zwar gibt es seit einiger Zeit einen klar definierten und auch schriftlich festgehaltenen Moralcode in der britischen Armee – die »Values and Standards«, die in Heftform zunächst im Jahr 2000 veröffentlicht und im Jahr 2008 überarbeitet wurden –, es wird aber nicht nur gelegentlich gegen diesen verstoßen[86], es scheint auch zunehmend schwieriger, jungen Menschen von heute zu verdeutlichen, was die darin bezeichneten Werte (»courage, discipline, loyalty, selfless commitment, integrity, respect for others«) eigentlich bedeuten. Die Annahme, dass der in diesen Werten traditionell implizierte ethische Kontext von Mitgliedern einer modernen westlichen Gesellschaft spontan verstanden würde, scheint zu trügen. Die britische Armee hatte darum die offenbar allzumenschliche Haltung zu durchbrechen, der wesentliche Elemente des gesellschaftlichen Selbstverständnisses als »too obvious to mention« erscheinen, wie es der Philosoph Charles Taylor bezeichnet hat (zit. in McCormack 2015, 11); sie hatte sich um die explizite (Er)Klärung und Grundlegung solcher Elemente – d.h. fundamentaler ethischer Zusammenhänge – zu kümmern. Die Notwendigkeit zu einer grundsätzlichen Fundierung der ethischen Ausbildung besteht in der Bundeswehr zwar nicht mehr, die stete Erklärung und Einübung ethischer Zusammen-

---

[85] Z.B. in den US-Streitkräften (Abu Ghraib u.a.), aber auch in Deutschland (»Totenschädelaffäre« 2006, s. dazu Göbel 2007b). Darüber hinaus gilt für die Bundeswehr und ihre Philosophie der Inneren Führung insgesamt, dass sie als Reaktion auf die moralische Katastrophe des NS-Regimes entstanden ist, das sich die Streitkräfte zu weiten Teilen instrumentalisieren konnte.

[86] Die Gefahr dazu besteht insbesondere in Kriegsszenarien, wo »moral restraints had been eroded« und ethisch ungenügend gefestigte Soldaten den Eindruck gewannen, dass »the normal moral reference points did not apply« (McCormack 2015, 10).

hänge bleibt aber auch hier immer aktuelle Aufgabe der Bildung von Soldatinnen und Soldaten.

2. Selbst dort, wo britische Soldaten ein ausgeprägtes persönliches Bewusstsein der genannten Werte entwickelten, war dieses keineswegs inhaltlich so
eindeutig definierbar, wie es die Armeeführung, die britische Öffentlichkeit
und die politische Führung angenommen hatten. Denn die in der Schrift
»Values and Standards« bezeichneten Werte sind »both subjective and rela-
tive«. Sie sind nicht auf ein objektives »ethical good (ethical foundation)«
gegründet (McCormack 2015, 2) und damit der individuellen Deutung und
inhaltlichen Füllung innerhalb verschiedener Bezüge und Kontexte oder
gruppenspezifischer Partikularinteressen überlassen. Es handelt sich, wie wir
ergänzen können, um einen Kodex bloßer Sekundärtugenden mit den oben
skizzierten Schwierigkeiten. Insbesondere der Loyalitätsbegriff erwies sich
auch hier als problematisch. Konkret standen in Großbritannien missver-
standene ›Treueverpflichtungen‹ der Aufklärung von Fehlhandlungen im
Wege, darunter von Kameraden begangene Menschenrechtsverletzungen im
Einsatz (McCormack 2015, 5–11[87]). Schon Robinson (2007, 29) hatte darauf
hingewiesen, dass Verhaltensregeln (»core values«) ohne die Einordnung in
ein größeres Ethos in der Gefahr stehen, in eine utilitaristische Ethik ab-
zugleiten, der es nur um die Beförderung von Zweck, Ziel und Ansehen des
Militärs oder die »operational effectiveness« der Armee geht. Und McCormack (2015, 28) dekliniert die Relativität der »British Army Values« in einem
hypothetischen Gedankenexperiment durch, indem er aufzeigt, dass sogar
noch Terroristen des ›Islamischen Staats‹ eine große Zahl dieser ›Werte‹ für
sich in Anspruch nehmen könnten. Geboten war also eine klare Referenz-
größe bzw. die Begründung der von der Armee vertretenen und eingefor-
derten Werte in einem universalen ethischen Gut, das sich aus einer exter-
nen Quelle speist (ebd., 6).

---

[87] Die Relativität und Kontextabhängigkeit des Treue- und des Ehrbegriffs zeigt sich
innerhalb der deutschen Geschichte auch daran, dass in Nazideutschland die SS beide
zu ihrem Wahlspruch vereinen konnte (»Meine Ehre heißt Treue«; darauf nimmt auch
McCormack beispielhaft Bezug).

Da die britische Armee als Parlamentsarmee zwar an nationales und internationales Recht gebunden ist, Großbritannien aber keine kodifizierte Verfassung hat, aus der sich eine auch ethisch wirksame Fundamentalnorm mit Gesetzeskraft (wie etwa Art. 1 GG) ableiten ließe, musste diese zunächst entwickelt und philosophisch abgesichert werden. McCormack (2015, 12) hat dazu folgenden Satz vorgeschlagen: »All human persons have a shared moral status, a status based upon fundamental and inalienable natural rights.« Zur philosophischen Absicherung der ›universalen‹ Gültigkeit dieses Satzes bedient er sich vor allem des Naturrechtsgedankens der Aufklärung (H. Grotius, J. Locke u.a.) und seiner Neubelebung in der Gegenwartsphilosophie sowie einer kommunitaristischen Ethik (C. Taylor), die zugleich tugendethische Elemente der aristotelischen Tradition einbezieht, allerdings im vollen Bewusstsein weiterer Quellen des Menschenrechtsethos.

McCormack (2015) zeigt sowohl die innere Kohärenz dieses Grundsatzes auf sowie seine Konsistenz mit wesentlichen ethischen und rechtlichen Grundlagen der britischen Gesellschaft, (Sicherheits-)Politik und Armee – darunter nationales Recht, tradierte soziale Normen, moralische Grundüberzeugungen, aber auch das Humanitäre Völkerrecht, die UN-Menschenrechtscharta sowie die Europäische Menschenrechtskonvention von 1950. Er expliziert den Grundsatz sodann, wie im MRE, auf den gebotenen Respekt für menschliche Grundrechte hin, an deren Beginn das Recht auf Leben (als Vitalbasis jeder weiteren Zuschreibung von Menschenwürde) und das Recht auf Freiheit stehen. McCormacks Vorschläge wurden inzwischen von der Armeeführung angenommen und werden derzeit in Richtlinien und Maßnahmen ethischer Bildung umgesetzt[88]. Damit zurück zur Situation in der Bundeswehr.

---

[88] McCormack hat in Aussicht gestellt, bei einer für 2017 ins Auge gefassten deutsch-britischen Konferenz erste Resultate der Implementierung präsentieren zu können.

13   Patriotismus und Einsatz-Ethos

Aus den bisherigen Ausführungen ergibt sich eine letzte Konsequenz, die zugleich die Sinn und Zufriedenheit stiftenden Elemente des Soldatseins in der Bundeswehr weiter definiert und die Relevanz der Inneren Führung auch angesichts neuer Aufgabengebiete der Einsatzarmee Bundeswehr unterstreicht: Es sind nicht nur Deutsche, die den Schutz von Menschenwürde und Menschenrechten verdienen. Die Einbindung der Leitwerte der Bundeswehr in das allgemeine, universale Wertegerüst des humanistischen Ethos kann zur globalen Einsatzverpflichtung werden.

Die »globale Verantwortung« Deutschlands ist deshalb aus ethischer Sicht von der Politik zurecht betont worden[89]. Ihre Wahrnehmung kann legitimer Grund für den deutschen Einsatz militärischer Gewalt sein, obgleich – aus historischen, politischen und verfassungsrechtlichen Gründen – Landes- und Bündnisverteidigung deren Primärmotive bleiben[90]. Ob also die Freiheit oder »Sicherheit Deutschlands am Hindukusch verteidigt« werden (P. Struck), mag hier offen bleiben, sicher aber bedürfen und verdienen Deutschlands Werte – also die im Grundgesetz aufgenommenen universalen Werte des MRE, nicht chauvinistische oder hegemonische Leitvorstellungen – überall Einsatz, Schutz und Verteidigung. Vor diesem Motivationshorizont bleibt die Bundeswehr auch im ›Einsatz‹ eine ›Verteidigungsarmee‹.

---

[89] Als ›Kurswechsel in der deutschen Außenpolitik‹ wurden entsprechende Äußerungen der Bundesminister U. von der Leyen und F.-W. Steinmeier sowie von Bundespräsident J. Gauck bei der Münchner Sicherheitskonferenz 2014 angesehen. Verteidigungsministerin von der Leyen hat ihre Vorstellungen in der Eröffnungsrede zur diesjährigen Konferenz am 6.2.2015 konkretisiert.

[90] Daneben sei die Kontroverse über den weiteren möglichen Grund einer deutschen Interessenverteidigung erwähnt, über die H. Köhler am 31.5.2010 vom Amt des Bundespräsidenten zurücktrat. – Eine weitere Klärung der sicherheitspolitischen Lage und Prinzipien wird das gegenwärtig in Arbeit befindliche *Weißbuch 2016* liefern.

Ähnliche Erwägungen stehen hinter der UN-Initiative zur »Responsibility to Protect«. Details der politischen Beschlussfindung und (völker-)rechtliche Probleme brauchen hier nicht weiterverfolgt zu werden[91]. Zweifellos müssen eventuelle militärische Interventionen eingebunden sein in den größeren Zusammenhang der UN-»Agenda for Peace« und eines »gerechten Friedens« (vgl. Liebetanz 2013). Darin ist der internationalen Sicherheitspolitik ein Leitbild vorgegeben, das die (ohnehin sehr eng gezogenen) Grenzen des »gerechten Krieges« – also des moralisch gerechtfertigten Einsatzes militärischer Gewalt[92] – positiv übersteigt.

Dass deutsche Soldatinnen und Soldaten auch dann ›Werkzeuge des Friedens‹ sind, wenn sie außerhalb Deutschlands in internationalen Krisen Schutzbedürftigen gegen extremistische Kräfte beistehen, haben auch die Kirchen unterstrichen, z.B. in der Erklärung der katholischen Deutschen Bischofskonferenz »Soldaten als Diener des Friedens« von 2005, die Gedanken des Zweiten Vatikanischen Konzils aufnimmt und weiterführt (Gaudium et spes, Nr. 79)[93]. In einer Erklärung zum Kampf gegen die Terrorarmeen des ›Islamischen Staats‹ und deutsche Waffenlieferungen an Kurden im Irak hat sich die Bischofskonferenz zuletzt auch den Gedanken der »Schutzverantwortung« zu eigen gemacht: Demnach können zwar »militärische Maßnahmen [...] niemals ein selbstverständliches und unhinterfragtes Mittel der Friedens- und Sicherheitspolitik sein«; sie können aber doch der »Pflicht der Staaten« entsprechen, »gegen Völkermord aktiv tätig zu

---

[91] Vgl. dazu etwa die Hinweise bei Messelken 2012.

[92] Zur philosophischen und christlichen Tradition der Lehre vom gerechten Krieg vgl. Walzer 1977, Rodin 2002 und Biggar 2014.

[93] Zum Leitgedanken des »gerechten Friedens« vgl. etwa das Hirtenwort der katholischen Deutschen Bischöfe »Gerechter Friede« von 2000 sowie auf evangelischer Seite die Denkschrift »Aus Gottes Frieden leben – für gerechten Frieden sorgen« des Rates der EKD (2007) und die knappe Thesensammlung »Soldatinnen und Soldaten in christlicher Perspektive« des Arbeitskreises für ethische Bildung in den Streitkräften der Evangelischen Militärseelsorge (2014).

werden« und »schlimmste, viele Menschen bedrohende Verbrechen« abzu-wehren[94].

Bedenklich ist vor diesem Hintergrund, dass sich etwa unter den jungen Autoren von »Armee im Aufbruch« gerade die ›neuen Kämpfer‹ und Ver-fechter einer Engführung des soldatischen Berufsethos auf sekundäre, spe-zifisch ›soldatische‹ Tugenden zu einem Patriotismus bekennen, der nicht von national-egoistischen Zügen frei ist. Einer der jungen Offiziere zieht gar einen »Verfassungspatriotismus« in Zweifel, und ein anderer Offizier will zwar für Deutsche (»das Gemeinwesen deutscher Nation« und »deutsche Interessen«), nicht aber für »Menschenwürde, Freiheit, Gerechtigkeit [...] in fremden Ländern kämpfen«[95]. Echter Patriotismus hingegen, so der ameri-kanische Historiker und Friedensforscher Howard Zinn (1922–2010), »lies in supporting the *values* a country is supposed to cherish« (Zinn 2007, 112; Hervorhebung C.G.).

Freilich geht es Zinn vor allem um sehr streng definierte Grenzen jeder Rechtfertigung zum Krieg. Er hat seine Stimme immer wieder gegen die Vermischung von wirtschaftlichen und militärischen Interessen erhoben und davor gewarnt, bloßes Macht- oder Gewinnstreben mit einem morali-schen Rechtfertigungsmantel zu umgeben. Gegenstand seiner Kritik waren vor allem Amerikas Kriege, seine Mahnungen richtete er aber nicht nur an die amerikanische Öffentlichkeit, sondern er appellierte genauso an das Gewissen der amerikanischen Soldaten, die Kriegsgründe ihrer politischen Führung ehrlich zu prüfen.[96]

---

[94] Erklärung des Ständigen Rates der Deutschen Bischofskonferenz zur Situation im Mitt-leren Osten vom 25.8.2014, veröffentlicht auf www.dbk.de (Pressemeldung Nr. 134).

[95] Böcker hält diese Dinge für »abstrakt und beliebig interpretierbar« (*Armee im Aufbruch*, 235).

[96] Zur demokratisch-politischen Verantwortung und Bildung in den amerikanischen Streitkräften vor dem Hintergrund gesellschaftlichen Wandels und neuer internationaler Konfliktszenarien s.a. Sarkesian 1981.

Klar ist: So schwierig es Kritikern der Inneren Führung scheinen mag, ethisch-politisch-gesellschaftliche Aspekte in ein möglichst ›professionell‹ betriebenes Soldatenhandwerk aufzunehmen – noch größer ist die Verantwortung der Politik sicherzustellen, dass Soldatinnen und Soldaten der Bundeswehr nicht voreilig in Konflikte gesandt werden, sondern dass, wenn sie Deutschlands globale Werteverantwortung wahrnehmen sollen, die strengen Anforderungen eines wirklich »gerechten Krieges« erfüllt sind[97] und dass sie dem Ziel eines »gerechten Friedens« dienen. Die Verankerung des soldatischen Ethos im Wertekontext von Grundgesetz und Menschenrechtsethos gilt natürlich auch für die sicherheits- und verteidigungspolitischen Richtlinien und Ziele Deutschlands.

---

[97] Dazu gehören neben dem gerechten Kriegsgrund, der gerechten Absicht, dem Prinzip des letztmöglichen Mittels, einer legitimen Autorität und dem Diskriminierungsgebot auch die Kriterien der Verhältnismäßigkeit und des realistischen Aussichts auf Erfolg, auf Frieden und auf eine Wiederherstellung des Rechts. Damit ist auch die Zumutbarkeit gegenüber den eigenen Soldatinnen und Soldaten zu prüfen, und die militärische Planung muss von Beginn an durch politische Planung für den Übergang in die Nachkriegsphase begleitet sein (»exit strategy«, Neuaufbau ziviler Strukturen usw.).

14   Innere Führung im Einsatz

In den vorstehenden Überlegungen wurde zunächst der ethische Rahmen der Inneren Führung für die Einsatzethik fruchtbar gemacht: Er liefert Einsatzgründe. Innere Führung bewährt sich aber auch im Einsatz. Hier kommen ihre Grundsätze der Menschenführung zum Tragen, die das Ethos der militärischen Führer prägen.

Dass die Innere Führung keine »Verweichlichung« der Armee bedeutet, sondern sich auch taktisch-operativ bewährt, steht außer Frage[98] und hat sich, wie IFIZ zeigt, zuletzt auch im deutschen Afghanistan-Einsatz erwiesen. Skepsis angesichts der Tatsache, dass das Führungsmodell der Bundeswehr in Kampfszenarien einer knappen Befehlsstruktur gegenüber zu anspruchsvoll, unklar oder ›demokratisch‹ sein könnte und sich zugleich deswegen nicht für Kampfeinsätze eigne, weil es »zu wenig auf das Themenfeld ›Gefecht, Kampf, Tod, Sieg und Niederlage‹ abhebe« (IFIZ, 75), war unbegründet. Nicht nur haben Auslandseinsätze in der Regel »keine negativen Auswirkungen auf die persönliche Einstellung« der Soldatinnen und Soldaten zur Inneren Führung (IFIZ, 36)[99]; gerade in den schwierigen Szenarien der Einsatzrealität benötigen militärische Führer eine Autorität, die sie nur erhalten, wenn sie fachlich kompetent und menschlich vorbildlich sind. Nicht von ungefähr bezeichnet schon etymologisch der Begriff der »Autorität« (von lat. auctoritas, was zunächst »Urheberschaft« bedeutet und dann, als römischer Rechtsbegriff, von der »Ratgeberschaft« zu »Würde, Ansehen, Einfluss« wird) ursprünglich nicht nur eine soziale Machtstellung, sondern auch deren Grund, und zwar in der Persönlichkeit und den Fähigkeiten, im Können und Wissen, im Verhalten und in den menschlichen Qualitäten ihres Trägers. Die Art von Autorität, der Soldatinnen und Soldaten auch in

---

[98]   Dem »Vorurteil [...], die Innere Führung ›verweichliche‹ den Soldaten«, widerspricht z.B. – Thesen und Ergebnisse der Autorin aufnehmend – Bischof M. Dutzmann in seinem Geleitwort zu Dörfler-Dierken 2013, 8.

[99]   Vgl. auch VDPF, 7: Nach besonderen dienstlichen Belastungen gefragt, nennen in der Bundeswehr insgesamt nur 7 % der Soldaten Auslandseinsätze.

kritischen Situationen fraglos folgen, ergibt sich vor allem durch wechselseitiges Vertrauen.[100]

Diese Zusammenhänge sind in IFIZ eindrücklich belegt (vgl. 43–58, bes. 52 ff.[101]). Sie zeigen sich darüber hinaus in der engen Verwandtschaft von Innerer Führung und Auftragstaktik der Bundeswehr. Letztere stellt ebenfalls eher ein Führungskonzept, weniger eine ›Taktik‹ im eigentlichen Sinn des Wortes dar, sie hat aber seit ihren Wurzeln in Preußens Heeresreform große taktisch-operative Relevanz (vgl. z.B. Leistenschneider 2002). Sie bringt Befehl und Eigenverantwortung zusammen und umfasst nicht nur eine ebenenübersteigende taktische Ausbildung der militärischen Führer, sondern auch Grundsätze der Menschenführung, die der Inneren Führung entsprechen. Diese Verwandtschaft wird in HDv 100/100 (1998), Ziff. 301 und in der ZDv 10/1 (2008) explizit gemacht: »Auch wenn Auftragstaktik und Innere Führung sehr unterschiedlichen Epochen deutscher Militärge-

---

[100] Im Blick auf den lateinischen Begriff *auctoritas* ist bezeichnend, dass etwa bei Augustinus die erkenntnistheoretische Auseinandersetzung um das Verhältnis zwischen Glaube (*fides*) und Vernunft (*ratio*) oft zur Gegenüberstellung von *auctoritas* und *ratio* wird. Den *auctoritates* ist zu *glauben*, d.h. »Vertrauen« entgegenzubringen (*fides*), aber vor allem deshalb, weil sie tatsächliches Wissen vermitteln und in schwierigen Fragen verlässliche ›Zeugen‹ sind. In theologisch-religiöser Hinsicht zählen zu diesen Autoritäten für Augustinus das kirchliche Lehramt, die Heilige Schrift und letztlich Gott bzw. der Menschensohn selbst. Der Grundgedanke, dass ›Autoritäten‹ vertrauenswürdige Wissensträger und kenntnisreiche Experten sind, beschränkt sich aber nicht auf theologische Kontexte. So kann nach Augustinus auch in anderen Bereichen der ›Glaube‹, also das Anvertrauen an Autoritäten, zu einer echten Erkenntnisquelle werden (vgl. *De quantitate animae* 7). – In einem explizit militärischen Kontext, nämlich in der Charakterisierung des Feldherrn Pompeius, benutzt Cicero das Wort *auctoritas* nicht nur zur Kennzeichnung der Stellung (Macht) des Truppenführers gegenüber seinen Untergebenen, sondern zur Beschreibung des »Gewichts seiner Persönlichkeit«, die andere »zu ihren Handlungen bestimmt«. Sie gehört »neben Erfahrung, Tüchtigkeit (oder Leistungsfähigkeit und sittlicher Größe) und Glück« zu »den Forderungen, die an den Feldherrn zu stellen sind« (so der Kommentar von Heinze 1925, 355 zu Cicero, *De imperio Cn. Pompei*).

[101] Das gilt trotz der Einschränkungen, die IFIZ aufzeigt. Da »längst nicht alle« Soldaten mit der Inneren Führung zufrieden sind, empfiehlt die Studie u.a. eine verbesserte Praxis und verstärkte Vermittlung der Grundsätze und der Relevanz der Inneren Führung (s.a. Dörfler-Dierken/Kramer 2015, 59).

schichte entstammen, sind sie doch dergestalt miteinander verbunden, dass die Auftragstaktik die Führungsform ist, die dem Bild vom ›Staatsbürger in Uniform‹ am besten entspricht. So wird Mitverantwortung für die Erreichung eines gemeinsamen Zieles erlebbar« (Ziff. 613). Der Erfolg der Auftragstaktik ist auch in anderen Streitkräften groß, wobei z.B. die »Mission Command Doctrine« der US Army von 2012 (ADRP 6–0) explizit auf das deutsche Vorbild Bezug nimmt und besonders die Bedeutung des ›Faktors Mensch‹ in der militärischen Operationsführung heraushebt. Dazu zählen z.B. Vorgesetztenverhalten, Vorbildlichkeit, Vertrauen. Unterstützt wird diese Entwicklung in den amerikanischen Streitkräften durch einen neuen Fokus auf die menschliche und geistige Entwicklung der Kadetten und die Stärkung der Charakterbildung, die etwa im überarbeiteten Kurrikulum von West Point zentral ist (vgl. Göbel 2014).

Natürlich steht nach wie vor der militärische Auftrag (oder auch die ›Schlagkraft‹ der Streitkräfte) im Zentrum des Handelns. Doch ist auch hier entscheidend, wie – in welchem Geist – dieser Auftrag umgesetzt wird. Die Auftragstaktik erlaubt und verlangt von Soldatinnen und Soldaten das Einbeziehen einer Vielzahl von Faktoren in die selbständige Entscheidungsfindung zur Durchführung ihres Auftrags, darunter die Grundsätze der Inneren Führung und ihres Wertekontexts. Auch die amerikanische »Mission Command Doctrine« gibt diesen Zusammenhang wieder, indem sie Erwägungen von ethischer Relevanz Raum gibt[102]. Damit wird nicht – wie etwa im Zuge der Debatte um den Sammelband »Armee im Aufbruch« von mancher Seite nahegelegt wurde – die Professionalität des militärischen Führers beeinträchtigt, sondern gesteigert.

In diesem Kontext zeugen die immer wieder geäußerten Bedenken gegenüber der demokratisch-dialogischen Struktur und politischen Diskussionskultur der Inneren Führung von weiteren Missverständnissen. Sie soll nicht im entscheidenden Moment (in Einsatz oder Gefecht) die erforderliche Entscheidungsfindung, Auftragsumsetzung und Befehlsausführung behin-

---

[102] Details dazu in Göbel 2014, 115–117.

dern, sondern sie gewährleistet durch das stete moralische Training, das sie den Angehörigen der Bundeswehr zukommen lässt (darin spielen Diskussion und Reflexion eine entscheidende Rolle), dass geistig gerüstete Soldatinnen und Soldaten in moralisch relevante Situationen kommen, in denen sie ›spontan‹ fähig sind, im Sinne des Auftrags zu entscheiden[103], ohne dabei eine eigenständige ethische Bewertung ihres Tuns zu vernachlässigen[104].

Der Ruf einiger Generäle in den USA wie in Deutschland nach Kämpfern alten Stils[105] hat sich bald als kurzsichtig erwiesen: Soldatinnen und Soldaten des 21. Jahrhunderts brauchen mehr als ein rein militärisch-technisches Können. In der zunehmend komplexer werdenden soldatischen Welt ›hybrider Kriege‹ ist der militärisch-menschliche ›Profi‹ gefordert. Das allerdings wusste man schon zu Zeiten des Kalten Krieges, in Deutschland wie in den USA: Hier führte der Gedanke zur Entwicklung der Inneren Führung, dort verlangte etwa D.D. Eisenhower 1953 nach »character« und »moral courage rather than mere professional skill« als herausragende Eigenschaften militärischer Führer[106]. Gebraucht werden ethische Kämpfer für das Gute. Mit dem Anspruch umfassender Exzellenz wächst sogar das Potenzial für zusätzliche Motivation, für Stolz auf einen auch ethisch fundierten Erfolg und für Zufriedenheit mit einem auch menschlich wertvollen, sinnreichen und damit befriedigenden Beruf.

Schließlich ist festzuhalten, dass die Aufmerksamkeit für größere ethische Zusammenhänge in friedensschaffenden Einsätzen nicht nur Selbstzweck, sondern auch von strategischer Notwendigkeit ist. Gerade in der zivil-militärischen Zusammenarbeit, die zahlreiche Einsätze prägt, und im Kon-

---

[103] Genau diese Praxis und geistbegleitete Habitualisierung ist Wesen der Tugendethik.

[104] Kommt es hier zu einem unüberbrückbaren Konflikt mit übergeordneten moralischen Grundsätzen, kann die Verweigerung unmoralischer und illegitimer Befehle die Folge sein.

[105] In Deutschland äußerte H.-O. Budde: »Wir brauchen den archaischen Kämpfer und den, der den High-Tech-Krieg führen kann« (zit. in Winkel 2004).

[106] Zit. in Smith 2013, 642. Darauf, dass auch der Kalte Krieg ›hybrid‹ war, weist Hartmann (2015, 67) hin.

text von asymmetrischer Kriegsführung und COIN-Operationen kommt es auf einen respektvoll-menschlichen Umgang mit der Bevölkerung des Operationsgebietes an. So betonten etwa die 2009 durch General S. McChrystal bei ISAF in Afghanistan implementierten »Rules of Engagement« die Notwendigkeit, die »hearts and minds of the people« zu gewinnen. Zugleich wird der tägliche Umgang mit der Zivilbevölkerung erleichtert, wenn ein Einsatz ethisch legitimiert ist und wenn diese Legitimation überzeugend und ohne schwerwiegende Interferenzen durch andere Faktoren (z.B. zivile Opfer) kommuniziert werden kann.

15   Schluss

Hier kehrt der Gedanke vom ›Glücksgaranten Bundeswehr‹ wieder und erhält letzte Konsequenz: Vor dem Hintergrund des skizzierten Einsatz-Ethos lässt sich die Bundeswehr nicht nur als Dienstgeber gegenüber den eigenen Angehörigen, um deren Zufriedenheit sie besorgt ist, sondern auch grundsätzlicher, in ihrem Existenzgrund und Zweck, als ein ›Instrument des Glücks‹ sehen – wenn sie nämlich dazu beiträgt, als ›Armee des Friedens‹ Bedingungen zu schaffen (Frieden, Sicherheit), unter denen Menschen Erfüllung suchen und Glück finden können. Das gilt für die Landesverteidigung und den Schutz von Deutschen, doch es handelt sich um einen wahrhaft ›humanistischen‹ Auftrag, der universale Reichweite hat.

Auch die Soldatinnen und Soldaten der Bundeswehr sollten aus diesem besonderen, gleichermaßen fordernden wie erfüllenden und sinnstiftenden Grundauftrag – also der ›guten Sache‹, für die sie ihren Dienst leisten – persönliche Motivation und Zufriedenheit gewinnen können. Deshalb muss diese ›Sonderstellung‹ des Soldatenberufs in der gesellschaftlichen Diskussion, in Maßnahmen der Personalwerbung und vor allem in der streitkräfteeigenen Bildung bewusst gehalten werden. Letztere wird – in Unterricht, gelebtem Vorbild und im ganzen ›Geist‹ der Streitkräfte, den das Zusammenwirken von politischer Führung, Vorgesetzten, Soldatinnen und Soldaten, Zivilangestellten, Familien und Gesellschaft prägt – vor allem den ethisch-politisch-historischen Kontext der Inneren Führung wachhalten. Dann kann tatsächlich eingelöst werden, was IFIZ, 8 feststellt: »Innere Führung macht die Bundeswehr attraktiv« – und zwar nicht nur, weil ihre Menschenführung ›mitarbeiterfreundlich‹ ist und Personal »an sich bindet« (ebd.), sondern auch, weil ihr Wertekontext dem Soldatsein in der Bundeswehr einen größeren, ethisch-menschlichen Sinn gibt.

Natürlich wird – realistisch besehen – ein politisch-philosophischer Idealismus allein kein tragfähiges Fundament einer modernen Armee abgeben; das Engagement der Soldatinnen und Soldaten braucht die objektiv ansprechenden Arbeitsbedingungen, um die sich die Bundeswehr gegenwärtig bemüht; es will wertgeschätzt und entlohnt werden. Doch ohne die ständige Vergegenwärtigung des ethischen Idealismus, der Teil der demokratischen Kultur der Bundesrepublik und ihrer Streitkräfte ist, würde die Bundeswehr zu einer ›gewöhnlichen Armee‹, ein beliebiges Instrument militärischer Machtdurchsetzung. Soldatsein wäre darin vielleicht auch kein ›gewöhnlicher Job‹, es wäre aber seiner Möglichkeit beraubt, tiefere menschliche Zufriedenheit zu bereiten. Wenn die Bundeswehr ihrem umfassenden Bildungsauftrag nachkommt und erfolgreich auch die Ideale der demokratischen Freiheitsordnung, des Menschenrechtsethos und wahrer Menschlichkeit vermittelt, so trägt sie tatsächlich zu einer Art ›Elitebildung‹ im guten Sinne bei. Denn damit ist hier keine gesellschaftlich problematische Selbstabgrenzung sozialer Gruppen gemeint, sondern das Ziel jeder humanistischen Bildung: die Freisetzung des bestmöglichen Menschseins[107], auch in den Soldatinnen und Soldaten der Bundeswehr.

---

[107] Der Superlativ »bestes« beinhaltet also nicht notwendigerweise eine konkrete komparativische Abgrenzung von anderen (»besser *als* x«). Wer sein Menschsein bestmöglich ausbildet, wird gerade die allgemeine Gleichheit in Wert und Würde aller Menschen (an)erkennen.

Zusammenfassung

Der vorliegende Beitrag blickt aus philosophisch-ethischer Sicht auf einige neuere Studien des ZMSBw. Darin steht immer wieder die *Zufriedenheit* der Soldatinnen und Soldaten im Zentrum. Vordergründig ist das mit den Bemühungen um die Personalwerbung zu erklären (›Attraktivitätsagenda‹); die Aufmerksamkeit der Bundeswehr für Zufriedenheit und Glück ihrer Angehörigen entspricht aber auch einer tieferen ethischen Verantwortung. Zugleich zeigt sich, dass die empirische *Bestandsaufnahme* – die »Zufriedenheit« als abfragbare Größe fasst (Datenerhebung von Fakten, Wünschen, Meinungen) und primär durch äußere Umstände definiert, mit der die Rahmenbedingungen des Dienstes in der Bundeswehr in Übereinstimmung zu bringen sind – in *Bildungsanstrengungen* überführt werden sollte. Die erhobenen Daten geben Anlass, flankierend zu den objektiven Verbesserungen des Dienstes auch über einen ›subjektiven Ansatz‹ nachzudenken, der verstärkt auf die Einstellung der Soldatinnen und Soldaten zu ihrem Dienst zielt, Verständnis weckt und die *Sinnhaftigkeit* des Soldatseins unterstreicht. Denn der Soldatenberuf bietet neben der extrinsischen eine intrinsische Motivation. Sein besonderer Sinn macht ihn ›attraktiv‹ und bereitet menschliche Zufriedenheit. Die ›Sonderstellung‹ des Militärs ist allerdings von Missdeutungen freizuhalten. Geeignetes Instrument für die Klärung und Vermittlung dieser Zusammenhänge ist die ethisch-politische Bildung. Der Autor greift daher den Gedanken eines umfassenden *Bildungsauftrags* der Bundeswehr auf und unterstützt auf der Grundlage der aktuellen Studien Argumente für eine Intensivierung der menschlich-geistigen Bildung der Soldatinnen und Soldaten. Inhaltlich schöpft diese aus dem *Wertekontext der Inneren Führung* (Menschenrechtsethos), wobei sich zeigt, dass die Innere Führung auch für die ›Generation Einsatz‹ höchst aktuell bleibt.

Literatur

Nicht verzeichnet sind die editionsunabhängig zitierten Werke antiker Denker (Platon, Aristoteles, Cicero, Seneca, Epiktet, Augustinus).

Achenbach, Gerd: Philosophische Praxis. Vorträge und Aufsätze. Köln: Dinter, 1984

Achenbach, Gerd: Lebenskönnerschaft. Freiburg: Herder, 2001

Baudissin, Wolf Graf von: Als Mensch hinter den Waffen. Hrsg. u. kommentiert von Angelika Dörfler-Dierken. Göttingen: Vandenhoeck & Ruprecht, 2006

Baumeister, Roy F.; Vohs, Kathleen D.; Aaker, Jennifer L.; Garbinsky, Emily N.: »Some key differences between a happy life and a meaningful life«, in: Journal of Positive Psychology 8/2013, 505–516

Biggar, Nigel: In Defence of War. Oxford: Oxford University Press, 2014

Bohnert, Marcel; Reitstetter, Lukas J. (Hrsg.): Armee im Aufbruch. Zur Gedankenwelt junger Offiziere in den Kampftruppen der Bundeswehr. Berlin: Miles, 2014

Bulmahn, Thomas: Wahrnehmung und Bewertung des Claims »Wir. Dienen. Deutschland.«, Image der Bundeswehr sowie Haltungen zum Umgang mit Veteranen: Ergebnisse der Bevölkerungsumfrage 2012 (Kurzbericht). Strausberg: Sozialwissenschaftliches Institut der Bundeswehr, 2012. Online: http://mgfa.de/html/einsatzunterstuetzung/downloads/kurzberichtsowibevo776lkerungsumfrage20121.pdf (letzter Zugriff: 7.8.2015)

Bulmahn, Thomas; Kramer, Robert; Saalbach, Claudia: Sozialwissenschaftliche Begleitstudie zur Evaluation des Freiwilligen Wehrdienstes. Ergebnisse der Erstbefragung der Freiwilligen Wehrdienst Leistenden mit Diensteintritt im Zeitraum von Juli 2011 bis April 2012 (Forschungsbericht 99). Potsdam: Zentrum für Militärgeschichte und Sozialwissenschaften der Bundeswehr, 2013

Bulmahn, Thomas; Hennig, Jana; Höfig, Chariklia; Wanner, Meike: Ergebnisse der repräsentativen Bundeswehrumfrage zur Vereinbarkeit von Dienst und Privat- bzw. Familienleben (Forschungsbericht 107). Potsdam: Zentrum für Militärgeschichte und Sozialwissenschaften der Bundeswehr, 2014

Bundesminister der Verteidigung: ZDv 10/1 – Innere Führung. Selbstverständnis und Führungskultur der Bundeswehr. Bonn 2008

Cassirer, Ernst: Versuch über den Menschen. Einführung in eine Philosophie der Kultur. Hamburg: Meiner, 1990

Cohn, Lindsay: »The Evolution of the Civil-Military ›Gap‹ Debate«. TISS-Paper 1999. Online: http://tiss-nc.org/wp-content/uploads/2015/01/Cohn_Evolution-of-Gap-Debate-1999.pdf (letzter Zugriff: 18.6.2015)

Courcelle, Pierre: Connais-toi toi-même, de Socrate à Saint Bernard. 3 Bde. Paris: Études augustiniennes, 1974/75

de Maizière, Thomas: »›Giert nicht nach Anerkennung!‹ Thomas de Maizière im Gespräch«, in: Frankfurter Allgemeine Sonntagszeitung, 24.2.2013. Online: http://www.faz.net/aktuell/politik/inland/thomas-de-maiziere-im-gespraech-giert-nicht-nach-anerkennung-12092201.html (letzter Zugriff: 11.7.2015)

Department of the Army (USA): ADRP 6–0 Mission Command. Washington D.C. 2012

Deutsche Bischofskonferenz, Sekretariat (Hrsg.): Gerechter Friede. Bonn 2000. Online: http://www.dbk-shop.de/media/files_public/mqvktlxe/DBK_1166.pdf (letzter Zugriff: 28.4.2015)

Deutsche Bischofskonferenz, Sekretariat (Hrsg.): Soldaten als Diener des Friedens. Erklärung zur Stellung und Aufgabe der Bundeswehr. Bonn 2005. Online: http://www.dbk-shop.de/media/files_public/ggprgodc/DBK_1182.pdf (letzter Zugriff: 11.7.2015)

Deutsche Bischofskonferenz: »Erklärung des Ständigen Rates der Deutschen Bischofskonferenz zur Situation im Mittleren Osten« vom 25.8.2014 (Pressemeldung Nr. 134). Online: http://www.dbk.de/presse/details/?presseid=2613&cHash=b953eeb3da43649685fa37002a43eeb1 (letzter Zugriff: 25.3.2015)

Dörfler-Dierken, Angelika: Ethische Fundamente der Inneren Führung. Baudissins Leitgedanken: Gewissensgeleitetes Individuum – Verantwortlicher Gehorsam – Konflikt- und friedensfähige Mitmenschlichkeit (SOWI-Berichte 77). Strausberg: Sozialwissenschaftliches Institut der Bundeswehr, 2005

Dörfler-Dierken, Angelika: »Ethische Bildung in der Bundeswehr«, in: Reader Sicherheitspolitik 12/2012. Online: http://www.readersipo.de/portal/a/sipo/!ut/p/c4/XY2xDoJAEES_6O5AEoN2EhqDlQ1iYw5uxU2OO7K7QuPHC9I5k7zmTTLmbpYGO2FvBWOw3txM0-GxnXU7O3gwjlEL2cDPSMNvo_eKo3dWFAblgNSf3iRy9wJWDL5lmYBYLAQXkE29XjrQXQwgKwWC4MKerETSYyTxq3kTLUajM02SlkWapVmyJf0cdnVVXbI8L8_F1YzDcPoCNsColw!!/ (letzter Zugriff: 28.4.2015)

Dörfler-Dierken, Angelika: Führung in der Bundeswehr. Soldatisches Selbstverständnis und Führungskultur nach der ZDv 10/1 Innere Führung. Berlin: Miles, 2013

Dörfler-Dierken, Angelika: »Führung in der Bundeswehr. Eine Betrachtung ihres Wesens«, in: Kozica, Arjan; Prüter, Kai; Wendroth, Hannes (Hrsg.): Unternehmen Bundeswehr? Theorie und Praxis (militärischer) Führung. Berlin: Miles, 2014

Dörfler-Dierken, Angelika; Kramer, Robert: Innere Führung in Zahlen. Streitkräftebefragung 2013. Berlin: Miles, 2014.

Dörfler-Dierken, Angelika; Kramer, Robert: »Totgesagte leben länger. Die Innere Führung in Zahlen«, in: if – Zeitschrift für Innere Führung 1/2015, 52–59

Elger, Katrin: »Die Lust am Töten bleibt«, in: Der Spiegel 10/2015, 28.2.2015, 118

Evangelische Kirche in Deutschland: Aus Gottes Frieden leben – für gerechten Frieden sorgen. Gütersloh: Gütersloher Verlagshaus, [2]2007

Evangelisches Kirchenamt für die Bundeswehr (Hrsg.): Soldatinnen und Soldaten in christlicher Perspektive. 20 Thesen im Anschluss an das Leitbild des Gerechten Friedens. Berlin 2014

Foster-Gilbert, Claire: »The Challenges of Bioethics in UK Decisionmaking«. Vortrag am Von Hügel Institute, University of Cambridge, 5.2.2015. Online: http://www.vhi.st-edmunds.cam.ac.uk/publications folder/papers-presentations/Lecture_FosterGilbert_Feb2015 (letzter Zugriff: 11.7.2015)

Göbel, Christian: Griechische Selbsterkenntnis. Platon – Parmenides – Stoa – Aristipp. Stuttgart: Kohlhammer, 2002

Göbel, Christian: »Ist Aristoteles moralisch ein Megariker?«, in: Ders.: Antike und Gegenwart. Griechische Anmerkungen zu ethischen Fragen unserer Tage. Hildesheim: Olms, 2007, 385–495

Göbel, Christian: »Ethik in der Bundeswehr«, in: Die Neue Ordnung 61/ 2007, 358–373

Göbel, Christian: »De- and Rehumanizing the Other. Philosophical Foundations for Military Ethics and Peace Building in the Armed Forces«, in: Journal for the Study of Peace and Conflict 9/2014, 100–123

Hadot, Pierre: Philosophie als Lebensform. Geistige Übungen in der Antike. Berlin: Gatza, 1991

Hadot, Pierre: »Philosophie: Hellenismus«, in: Gründer, Karlfried (Hrsg.): Historisches Wörterbuch der Philosophie: Bd 7. Basel: Schwabe, 1989, 592–599

Hartmann, Uwe: »Geistiges Rüstzeug«, in: Zur Sache Bw 1/2015, 64–69

Hartmann, Uwe; von Rosen, Claus; Walther, Christian (Hrsg.): Jahrbuch Innere Führung 2012: Der Soldatenberuf im Spagat zwischen gesellschaftlicher Integration und sui generis-Ansprüchen. Berlin: Miles, 2012

Heinze, Richard: »Auctoritas«, in: Hermes – Zeitschrift für klassische Philologie 60/1925, 348–366

Hennig, Jana: Attraktivität der Mannschaftslaufbahn der Bundeswehr (Forschungsbericht 105). Potsdam: Zentrum für Militärgeschichte und Sozialwissenschaften der Bundeswehr, 2013

Höfig, Chariklia: »War for Talents‹ – Die Attraktivitätsoffensive der Bundeswehr aus der Perspektive sozialwissenschaftlich-empirischer Untersuchungen«, in: Bundeswehrverwaltung – Fachzeitschrift für Administration 11/2014, 249–252

Inspekteur des Heeres: HDv 100/100 – Führung im Gefecht. Bonn 1998

JOB AG: Arbeitsklima-Index 1–2010. Online: http://www.job-ag.com/presse/2010/arbeitsklima-index-2010-arbeitsklima-index-1-2010.php

Johannes Paul II.: Laborem exercens. Vatikanstadt 1981. Online: http://w2.vatican.va/content/john-paul-ii/de/encyclicals/documents/hf_jp-ii_enc_14091981_laborem-exercens.html (letzter Zugriff: 11.7.2015)

Jung, Franz Josef: Rede anlässlich des Festaktes zum 50-jährigen Bestehen des Zentrums Innere Führung vom 30.11.2006. Online: http://www.bmvg.de/portal/a/bmvg/!ut/p/c4/NY3BDoIwEET_qKUqRr1pi MYLHhEvpMBSltCWbBdMjB8vmDCTzOW9ZORLznV6QqMZvdO9 fMq8wlP5FqWdjLDoMDAQjlYYCFWLVctQ_NkExIA1mtGZsIpFAO RCHeNY1NSQdp_OB2i62ZHZclaDqLwDXpbBMc5rSLMnMXjifiEj0 UwE1jKPVHKJVLRGfffZJrmlu8P2nl4fcrD2_ANbCw2Q/(letzter Zugriff: 4.8.2015)

Jungholt, Thorsten: »Möglicher Tod‹ schreckt Jugend von Bundeswehr ab«, in: Die Welt, 29.7.2014. Online: http://www.welt.de/politik/deutschland/article130664181/Moeglicher-Tod-schreckt-Jugend-von-Bundeswehr-ab.html (letzter Zugriff: 11.7.2015)

Kramer, Robert: Sozialwissenschaftliche Begleitstudie zur Evaluation des Freiwilligen Wehrdienstes. Ergebnisse der Zweitbefragung der Freiwilligen Wehrdienst Leistenden mit Diensteintritt im Zeitraum von Juli 2011 bis April 2012 (Forschungsbericht 2014). Potsdam: Zentrum für Militärgeschichte und Sozialwissenschaften der Bundeswehr, 2014

Kümmel, Gerhard: Truppenbild ohne Dame? Eine sozialwissenschaftliche Begleituntersuchung zum aktuellen Stand der Integration von Frauen in die Bundeswehr (Forschungsbericht 106). Potsdam: Zentrum für Militärgeschichte und Sozialwissenschaften der Bundeswehr, 2014

Leistenschneider, Stephan: Auftragstaktik im preußisch-deutschen Heer 1871 bis 1914. Hamburg: Mittler & Sohn, 2002

Liebetanz, Klaus: »Der ›Gerechte Frieden‹ und die ›Agenda for Peace«‹, in: if – Zeitschrift für Innere Führung 1/2013, 44–51

Lies, Jan: »Harte und weiche Faktoren«, in: Springer Gabler Verlag (Hrsg.): Gabler Wirtschaftslexikon. Online: http://wirtschaftslexikon.gabler.de/Archiv/569792/harte-und-weiche-faktoren-v8.html (letzter Zugriff: 10.5.2015)

McCormack, Philip J.: »Grounding British Army Values Upon an Ethical Good«. Vortragsmanuskript vom 30.3.2015, gehalten in Ft. Leavenworth, USA (sowie ähnlich an anderen Orten). Der Text steht inzwischen auch online zum Download zur Verfügung: http://www.cgscfoundation.org/wp-content/uploads/2015/04/McCormack-GroundingBritishArmyValues.pdf

Messelken, Daniel: »The Responsibility to Protect – mehr als nur ›gerechter Krieg‹ in einem entstehenden Paradigma des Völkerrechts«, in: Militärseelsorge 49/2012, 151–159

Paul VI./Zweites Vatikanisches Konzil: Gaudium et spes. Pastorale Konstitution über die Kirche in der Welt von heute. Vatikanstadt 1965. Online: http://www.vatican.va/archive/hist_councils/ii_vatican_council/documents/vat-ii_const_19651207_gaudium-et-spes_ge.html (letzter Zugriff: 11.7.2015)

Pieper, Josef: Das Viergespann. Klugheit – Gerechtigkeit – Tapferkeit – Maß. München: Kösel, 1998

Popper, Karl R.: Objektive Erkenntnis. Ein evolutionärer Entwurf. Hamburg: Hoffmann und Campe, 1973

Richter, Gregor: Veränderungsmanagement zur Neuausrichtung der Bundeswehr. Sozialwissenschaftliche Begleituntersuchung: Ergebnisse der Befragung 2012 (Kurzbericht). Strausberg: Sozialwissenschaftliches Institut der Bundeswehr, 2012

Robinson, Paul: »Ethics Training and Development in the Military«, in: Parameters 37/2007, 23–36

Rodin, David: War and Self-Defense. Oxford: Oxford University Press, 2002

Sarkesian, Sam C.: Beyond the Battlefield. The New Military Professionalism. New York: Pergamon Press, 1981

Schummer, Joachim (Hrsg.), Glück und Ethik. Würzburg: Königshausen & Neumann, 1998

Seiffert, Anja; Heß, Julius: Afghanistanrückkehrer. Der Einsatz, die Liebe, der Dienst und die Familie: Ausgewählte Ergebnisse der sozialwissenschaftlichen Langzeitbegleitung des 22. Kontingents ISAF (Forschungsbericht 101). Potsdam: Zentrum für Militärgeschichte und Sozialwissenschaften der Bundeswehr, 2014

Shay, Jonathan: Achilles in Vietnam: Combat Trauma and the Undoing of Character. New York: Scribner, 1994

Shimoff, Marci; Kline, Carol: Glücklich ohne Grund! In 7 Schritten das Glück entdecken, das längst in Ihnen steckt. München: Goldmann, 2008

Smith, Jean E.: Eisenhower in War and Peace. New York: Random House, 2013

Stein, Tine: »Menschenrechte und Menschenwürde als Vermittlung zwischen Sein und Sollen des Menschen«, in: Fischer, Norbert; Böttigheimer, Christoph; Gerwing, Manfred (Hrsg.): Sein und Sollen des Menschen. Zum göttlich-freien Konzept vom Menschen. Münster: Aschendorff, 2009, 83–100

Streicher, Bernhard: »Neue Risikokultur statt Heldenepos«, in: DAV Panorama 2/2015, 58–61

Wagner, Gerald: »Keiner weiß, wie der Landser tickt«, in: Frankfurter Allgemeine Zeitung, 25.2.2015

Walzer, Michael: Just and Unjust Wars. A Moral Argument with Historical Illustrations. New York: Basic Books, 1977

Wiesner, Ina: »Große Worte«, in: Zur Sache Bw 1/2015, 70

Winkel, Wolfgang: »Bundeswehr braucht archaische Kämpfer«, in: Die Welt, 29.2.2004. Online: http://www.welt.de/print-wams/article107173/Bundeswehr-braucht-archaische-Kaempfer.html

Zinn, Howard: A Power Governments Cannot Suppress. San Francisco: City Lights Books, 2007

Der Autor

Prof. Dr. Dr. Christian Göbel, 1973 in Bochum geboren, studierte Philosophie und Theologie in Paderborn, München, Cambridge, Rom und Leiden. Nach Lehr- und Forschungstätigkeiten in Rom, Sonada (Indien) und Boston ist er seit 2008 Professor für Philosophie am Assumption College in Worcester (USA), wo er auch im Studiengang »Peace and Conflict Studies« lehrt. Seit 2015 ist Prof. Göbel Direktor des Rom-Campus der Hochschule. Er ist außerdem Research Associate am Von Hügel Institute, St. Edmund's College, University of Cambridge. Zahlreiche Buch- und Aufsatzpublikationen zu philosophischen und theologischen Themen, zuletzt erschien »Philosophie und Ökumene. Überlegungen zur Logik des Christentums im Ausgang von Anselm von Canterbury« (München 2015). Prof. Göbel ist Oberstleutnant der Reserve und beordert im Kommando Heer (Strausberg).

Carola Hartmann Miles-Verlag

Politik, Gesellschaft, Militär

Uwe Hartmann, *Innere Führung. Erfolge und Defizite der Führungsphilosophie für die Bundeswehr,* Berlin 2007.

Hans Joachim Reeb, *Sicherheitskultur als kommunikative und pädagogische Herausforderung – Der Umgang in Politik, Medien und Gesellschaft,* Berlin 2011.

Hans-Christian Beck, Christian Singer (Hrsg.), *Entscheiden – Führen – Verantworten. Soldatsein im 21. Jahrhundert,* Berlin 2011.

Reiner Pommerin (ed.), *Clausewitz goes global. Carl von Clausewitz in the 21ˢᵗ Century,* Berlin 2011.

Eberhard Birk, Heiner Möllers, Wolfgang Schmidt (Hrsg.), *Die Luftwaffe zwischen Politik und Technik. Schriften zur Geschichte der Deutschen Luftwaffe, Bd. 2,* Berlin 2012.

Eberhard Birk, Winfried Heinemann, Sven Lange (Hrsg.), *Tradition für die Bundeswehr. Neue Aspekte einer alten Debatte,* Berlin 2012.

Holger Müller, *Clausewitz' Verständnis von Strategie im Spiegel der Spieltheorie,* Berlin 2012.

Angelika Dörfler-Dierken, *Führung in der Bundeswehr,* Berlin 2013.

Cornelia Fedtke, Kai-Uwe Hellmann, Jan Hörmann, *Migration und Militär. Zur Integration deutscher Soldaten mit Migrationshintergrund in der Bundeswehr,* Berlin 2013.

Torsten Konopka, *Afrikanische Wehrsysteme und ihre Entwicklung zwischen 1990/91 und 2011,* Berlin 2014.

Wolf Graf von Baudissin, *Grundwert Frieden in Politik – Strategie – Führung von Streitkräften,* hrsg. von Claus von Rosen, Berlin 2014.

Wolf Graf von Baudissin, *Der Widerstand. „… um nie wieder in die auswegslose Lage zu geraten…",* hrsg. von Claus von Rosen, Berlin 2014.

Marcel Bohnert, Lukas J. Reitstetter (Hrsg.), *Armee im Aufbruch. Zur Gedankenwelt junger Offiziere in den Kampftruppen der Bundeswehr,* Berlin 2014.

Arjan Kozica, Kai Prüter, Hannes Wendroth (Hrsg.), *Unternehmen Bundeswehr? Theorie und Praxis (militärischer) Führung,* Berlin 2014.

Angelika Dörfler-Dierken, Robert Kramer, *Innere Führung in Zahlen. Streitkräftebefragung 2013,* Berlin 2014.

Eberhard Birk, Heiner Möllers (Hrsg.), *Luftwaffe und Luftkrieg,* Berlin 2015.

Phil C. Langer, Gerhard Kümmel (Hrsg.), *„Wir sind Bundeswehr." Wie viel Vielfalt benötigen/vertragen die Streitkräfte?,* Berlin 2015.

Jéronimo L. S. Barbin, *Imperialkriegführung im 21. Jahrhundert. Von Algier nach Bagdad. Die kolonialen Ursprünge der COIN-Doktrin,* Berlin 2015.

Dirk Freudenberg, *Counterinsurgency. Aufstandsbekämpfung als Phase zur Überwindung schwacher Staatlichkeit und zur Etablierung des Aufbaus einer stabilen Nachkriegsordnung,* Berlin 2016.

Marcel Bohnert, Björn Schreiber (Hrsg.), *Die unsichtbaren Veteranen. Kriegsheimkehrer in der deutschen Gesellschaft,* Berlin 2016.

Jahrbuch Innere Führung

Uwe Hartmann, Claus von Rosen, Christian Walther (Hrsg.), *Jahrbuch Innere Führung 2009. Die Rückkehr des Soldatischen,* Eschede 2009.

Helmut R. Hammerich, Uwe Hartmann, Claus von Rosen (Hrsg.), *Jahrbuch Innere Führung 2010. Die Grenzen des Militärischen,* Berlin 2010.

Uwe Hartmann, Claus von Rosen, Christian Walther (Hrsg.), *Jahrbuch Innere Führung 2011. Ethik als geistige Rüstung für Soldaten,* Berlin 2011.

Uwe Hartmann, Claus von Rosen, Christian Walther (Hrsg.), *Jahrbuch Innere Führung 2012. Der Soldatenberuf zwischen gesellschaftlicher Integration und suis generis-Ansprüchen,* Berlin 2012.

Uwe Hartmann, Claus von Rosen (Hrsg.), *Jahrbuch Innere Führung 2013. Wissenschaften und ihre Relevanz für die Bundeswehr als Armee im Einsatz,* Berlin 2013.

Uwe Hartmann, Claus von Rosen (Hrsg.), *Jahrbuch Innere Führung 2014. Drohnen, Roboter und Cyborgs – Der Soldat im Angesicht neuer Militärtechnologien,* Berlin 2014.

Uwe Hartmann, Claus von Rosen (Hrsg.), *Jahrbuch Innere Führung 2015. Neue Denkwege angesichts der Gleichzeitigkeit unterschiedlicher Krisen, Konflikte und Kriege,* Berlin 2015.

Einsatzerfahrungen

Kay Kuhlen, *Um des lieben Friedens willen. Als Peacekeeper im Kosovo,* Eschede 2009.

Sascha Brinkmann, Joachim Hoppe (Hrsg.), *Generation Einsatz, Fallschirmjäger berichten ihre Erfahrungen aus Afghanistan,* Berlin 2010.

Artur Schwitalla, *Afghanistan, jetzt weiß ich erst... Gedanken aus meiner Zeit als Kommandeur des Provincial Reconstruction Team FEYZABAD,* Berlin 2010.

Uwe Hartmann, *War without Fighting? The Reintegration of Former Combatants in Afghanistan seen through the Lens of Strategic Thought,* Berlin 2014.

Rainer Buske, *KUNDUZ. Ein Erlebnisbericht über einen militärischen Einsatz der Bundeswehr in Afghanistan im Jahre 2008,* Berlin ²2016.

Standpunkte und Orientierungen

Daniel Giese, *Militärische Führung im Internetzeitalter – Die Bedeutung von Strategischer Kommunikation und Social Media für Entscheidungsprozesse, Organisationsstrukturen und Führerausbildung in der Bundeswehr,* Berlin 2014.

Dirk Freudenberg, *Auftragstaktik und Innere Führung. Feststellungen und Anmerkungen zur Frage nach Bedeutung und Verhältnis des inneren Gefüges und der Auftragstaktik unter den Bedingungen des Einsatzes der Deutschen Bundeswehr,* Berlin 2014.

Uwe Hartmann (Hrsg.), *Lernen von Afghanistan. Innovative Mittel und Wege für Auslandseinsätze,* Berlin 2015.

Fouzieh Melanie Alamir, *Vernetzte Sicherheit – Quo Vadis?,* Berlin 2015.

Hartwig von Schubert, *Integrative Militärethik. Ethische Urteilsbildung in der militärischen Führung,* Berlin 2015.

Uwe Hartmann, *Hybrider Krieg als neue Bedrohung von Freiheit und Frieden. Zur Relevanz der Inneren Führung in Politik, Gesellschaft und Streitkräften,* Berlin 2015.

Klaus Beckmann, *Treue.Bürgermut.Ungehorsam. Anstöße zur Führungskultur und zum beruflichen Selbstverständnis in der Bundeswehr,* Berlin 2015.

Militärgeschichte

Peter Heinze, *Bundeswehr „erobert" Deutschlands Osten,* Berlin 2010.

Dieter E. Kilian, *Adenauers vergessener Retter – Major Fritz Schliebusch,* Berlin 2011.

Ingo Pfeiffer, *Gegner wider Willen. Konfrontation von Volksmarine und Bundesmarine auf See,* Berlin 2012.

Dieter E. Kilian, *Kai-Uwe von Hassel und seine Familie. Zwischen Ostsee und Ostafrika. Militär-biographisches Mosaik,* Berlin 2013.

Peter Heinze, *Berliner Militärgeschichten,* Berlin 2013.

Ingo Pfeiffer, *Seestreitkräfte der DDR,* Berlin 2014.

Ulrich C. Kleyser, *Lazare Carnot. "Le Grand Carnot". Ein Charakterbild,* Berlin 2016.

Erinnerungen

Blue Braun, *Erinnerungen an die Marine 1956–1996,* Berlin 2012.

Harald Volkmar Schlieder, *Kommando zurück!,* Berlin 2012.

Reinhart Lunderstädt, *Aus dem Leben eines Hochschullehrers. Persönlicher Bericht,* Berlin 2012.

Wulf Beeck, *Mit Überschall durch den Kalten Krieg. Mein Leben für die Marine,* Berlin 2013.

Jan Becker, *Aufgewühltes Wasser,* 3 Bde., Berlin 2014.

Klaus Grot, *So war's, damals. Dienstchronik eines Pionieroffiziers im Kalten Krieg 1954–1991,* Berlin 2014.

Gustav Lünenborg, *Bürger und Soldat. Innere Führung hautnah 1956–1993, 1993–2015,* Berlin 2015.

Adolf Brüggemann, *Als Offizier der Bundeswehr im Auswärtigen Dienst. Meine Erinnerungen als Militärattaché in Seoul (Republik Korea) 1978–83 und in Prag (Tschechoslowakei/Tschechien) 1988–1993,* Berlin 2015.

Rainer Buske, *Eine Reise ins Innere der Bundeswehr. Wundersame Geschichten aus einer anderen Welt,* Berlin 2016.

Monterey Studies

Uwe Hartmann, *Carl von Clausewitz and the Making of Modern Strategy,* Potsdam 2002.

Zeljko Cepanec, *Croatia and NATO. The Stony Road to Membership,* Potsdam 2002.

Ekkehard Stemmer, *Demography and European Armed Forces,* Berlin 2006.

Sven Lange, *Revolt against the West. A Comparison of the Current War on Terror with the Boxer Rebellion in 1900-01,* Berlin 2007.

Klaus M. Brust, *Culture and the Transformation of the Bundeswehr,* Berlin 2007.

Donald Abenheim, *Soldier and Politics Transformed,* Berlin 2007.

Michael Stolzke, *The Conflict Aftermath. A Chance for Democracy: Norm Diffusion in Post-Conflict Peace Building,* Berlin 2007.

Frank Reimers, *Security Culture in Times of War. How did the Balkan War affect the Security Cultures in Germany and the United States?,* Berlin 2007.

Michael G. Lux, *Innere Führung – A Superior Concept of Leadership?,* Berlin 2009.

Marc A. Walther, *HAMAS between Violence and Pragmatism,* Berlin 2010.

Frank Hagemann, *Strategy Making in the European Union,* Berlin 2010.

Ralf Hammerstein, *Deliberalization in Jordan: the Roles of Islamists and U.S.-EU Assistance in stalled Democratization,* Berlin 2011.

Jochen Wittmann, *Auftragstaktik,* Berlin 2012.

Michael Hanisch, *On German Foreign und Security Policy. Determinants of German Military Engagement in Africa since 2011,* Berlin 2015.

Grégoire Monnet, *The Evolution of Strategic Thought Since September 11, 2011. A Swiss Perspective on Clausewitz, Classical und Contemporary Theories,* Berlin 2016.

www.miles-verlag.jimdo.com